Daniela Zeller / Robert Kratky

# DIE GANZE WAHRHEIT ÜBER …

Daniela Zeller / Robert Kratky

# DIE GANZE WAHRHEIT ÜBER …

illustriert von T. Wizany

ecowin

Daniela Zeller / Robert Kratky
Die ganze Wahrheit über …
Salzburg: Ecowin Verlag GmbH, 2007
ISBN: 978-3-902404-43-5

**Unsere Web-Adressen:**
www.ecowin.at
www.danielazeller.com

1 2 3 4 5 / 09 08 07


Lektorat: Arnold Klaffenböck
Covergestaltung: www.adwerba.at (Stephan Enzinger)
Coverfoto: Martin Vukovits (Porträt von Daniela Zeller und Robert Kratky)
Illustrationen: Thomas Wizany

Gesamtherstellung: Druckerei Theiss GmbH, A-9431 St. Stefan, www.theiss.at
Printed in Austria

*Für Claudia, meine größte Inspiration.*
*Danke an alle Männer, die unfreiwillig an diesem Buch mitgearbeitet haben.*

*Daniela*

*Ich widme dieses Buch meiner lieben Mutti!*
*Damit wenigstens EINE der Frauen,*
*die dieses Buch lesen, eine Freude hat …*

*Robert*

# Inhaltsverzeichnis

# Aller Anfang ist schwer …

*Lieber Robert,*

mich hat ein Verleger angesprochen, der mit uns beiden ein Buch machen will. Konkreter: Er möchte, dass wir beide ein Buch über Frauen, Männer und die Unterschiede zwischen den beiden Geschlechtern schreiben. So ähnlich, wie wir das auch im Radio tun – Ich: „Brad Pitt ist sicherlich ein guter Mensch!", Du: „Er hat bestimmt Mundgeruch, ist schwul und in Tom Cruise verliebt." Oder wenn wir über Liebe sprechen (ich), oder über Motorräder (Du), oder über Sex (Du und ich).

Wollen wir dieses Buch schreiben?

DAFÜR spricht meiner Meinung nach:

1. Themen gibt es nahezu unendlich viele (Liebe, Sex, Schuhe, Autos, Freundschaft, Altern, Diäten, finanzielle Vorsorge, Aktien, Kochen, Urlaub, Telefonieren, Monogamie, Trennung, erste Dates, Fernseher, Exfreunde, Hochzeit: ja oder nein, Kinderkriegen, Liebeskummer …).
2. Du bist ein Mann, ich bin eine Frau.
3. Wir haben nicht vor, zu heiraten oder eine sexuelle Beziehung oder so etwas in der Art miteinander einzugehen – also könnten wir ganz ehrlich und unverblümt schreiben.
4. Es gibt da ein paar Dinge bei Euch Männern, die mir sowieso nicht ganz klar sind – wir würden beide etwas lernen (vielleicht steckt ja mehr von einem „Frauenversteher" in Dir, als Du glaubst …).

DAGEGEN spricht:

1. Wir würden einige Geheimnisse lüften und daher
2. Dinge über das andere Geschlecht erfahren, die wir SO genau vielleicht gar nicht wissen möchten …

Also, wie denkst Du darüber?

*Daniela*

PS: Und dann müssten wir natürlich darüber nachdenken, in welcher FORM wir schreiben. Ich meine, Du und ich stundenlang gemeinsam am Computer (am selben!), das fände ich – bei aller Liebe – dann doch etwas übertrieben!!!

*Liebe Daniela,*

mir ist völlig klar, warum dieser Verleger gerne ein Buch über das Wesen der grundlegenden Unterschiede zwischen Mann und Frau veröffentlichen möchte: Es scheint definitiv ein Gebiet zu sein, auf dem er sich null auskennt! Denn so höflich es auch sein mag, zuerst Dich zu fragen, ob Du mit mir ein Buch schreiben willst und nicht umgekehrt, verletzt doch etwas mehr als nur meine Gefühle. Verdammt: Bin denn nicht ICH der Mann und Ernährer? Ein Typ, der sich auskennt, hätte das berücksichtigt und mich nicht durch diese völlige Ignoranz der natürlichen Ordnung auf das Schwerste in meiner männlichen Ehre beleidigt! Natürlich drängt sich da die Frage auf: Ist ER vielleicht eine FRAU? Der Verleger also in Wahrheit eine VerlegerIN? (Dann wäre mir alles klar!)

Oder ist er gar ein ... Freund von Brad Pitt?

Du steigst – übrigens wieder ganz typisch Frau – auf dieses Angebot ein wenig zu nassforsch ein, meine Liebe! Hast Du Dich eigentlich über diesen Kerl erkundigt? Besitzt er denn überhaupt einen Verlag?? Oder will er Dich vielleicht weitaus weniger VERlegen als vielmehr FLACHlegen??? Daniela, Daniela ... lass Dich doch zumindest ein bisschen von mir beschützen!

So, ich muss jetzt in meine Therapie.

*Busserl, Robert*

PS: Bevor ich zusage, lass uns erst einmal über das Geld reden! Bekommen wir gleich viel? Und wer von uns beiden ist am Cover? Und in welcher Reihenfolge stehen unsere Namen auf dem Buchdeckel? (Am besten machen wir es geschlechtsneutral – also alphabetisch.)

PPS: Ich schlage vor, wir fahren zum Schreiben eine Woche in ein Thermenhotel ins Burgenland. Dort kenne ich ein lauschiges Platzerl, wo wir in aller Ruhe den Dingen auf den Grund gehen könnten. Übernimmt der Verlag die Kosten? In einem Zimmer zu schlafen würde die Auslagen übrigens drastisch reduzieren. Und unter Kollegen ist das ja wohl kein Problem, oder?

PPPS: Moment!
Wieso Burgenland?
Sag ihm: Mauritius!

*Lieber Robert,*

ich muss Dich leider enttäuschen.

Mauritius mit Dir wäre natürlich fast zu schön, um wahr zu sein. (HAHA!) Da ich aber nicht meine besten Jahre damit verbringen kann, auf Dich zu warten, bin ich bereits ohne Dich in den Urlaub gefahren. Liebe Grüße auf diesem Wege aus Koh Samui, Thailand. Ich weiß, welcher Gedanke Dir jetzt durch den Kopf geht – aber NEIN: Es gibt keinen neuen Mann (= Lebensabschnittsgefährten) in meinem Leben, ich bin ALLEIN hier. Ich verarbeite noch die letzte – ich nenne es jetzt mal „Begegnung".

So ist das Leben: Wir Frauen flüchten nach einer gescheiterten Liebe auf eine Insel, Ihr Männer sucht Euch die nächste Frau. Könnt Ihr Euer gebrochenes Herz tatsächlich dermaßen schnell flicken, oder seid Ihr schlicht und einfach Meister der Verdrängung?

Kennst Du dieses Gefühl: Du studierst ein halbes Jahr nach Beendigung der Beziehung eine Speisekarte und es kommen Dir fast die Tränen, wenn Du irgendwo zwischen „Spaghetti Bolognese" und „Jägerschnitzel" das kleine Wörtchen „Eiernockerl" liest? Und zwar deshalb, weil Dir bewusst wird, dass Ihr nie zusammen Eiernockerl gegessen habt? Oder wenn Dich auf einmal jeder Mann (in Deinem Fall: jede FRAU) an IHN (SIE) erinnert, obwohl diese Menschen außer der Zusammensetzung der Chromosomen nichts mit IHM (IHR) gemein haben? Vielleicht ist das ja schon die Antwort auf die Frage, warum Frauen bei der Wahl des Fluchtortes die Insel dem nächsten Mann vorziehen …

Still confused, but on a higher level …,

*Daniela*

PS: Ich muss Dich noch einmal enttäuschen. Auch wenn Dir vor Deinem geistigen Auge bereits eine Mischung aus Halle Berry, Angelina Jolie und Uma Thurman vorschwebt: Der Verleger ist und bleibt ein MANN! Und er will von uns BEIDEN, dass wir dieses Buch schreiben – sonst nichts.

Klarerweise bekommen wir gleich viel Geld, sind beide mit Foto am Buchdeckel und unsere Namen stehen in der gleichen Schriftgröße nebeneinander. Wir sind schließlich emanzipiert!!!

PPS: Das Zimmer, egal ob im Burgenland, auf Mauritius oder an sonst einem Ort, werden WIR BEIDE mit Sicherheit NICHT teilen. Never fuck in the factory. Wir sind Kollegen. BASTA.

## *Liebe Daniela,*

gestern war ich in einem sehr guten französischen Restaurant in Wien. Aus Frust, dass Du Traumurlauben frönst, derweil ich im Bergwerk schufte, gönnte ich mir den Luxus einiger schleimig schöner, viel zu teurer Austern. Und weil selbst dem Ober unangenehm bewusst war, dass der Preis für die Muscheln allein viel zu hoch wäre, verehrte er mir obendrauf einige hochinteressante Details zu meiner Vorspeise. So erfuhr ich eben erst gestern, dass die Viecher – auch wenn sie, wie in meinem Fall, die lange Reise aus der Normandie nach Wien bereits hinter sich haben – sehr wohl noch lebend auf meinem Teller landen. Das lässt sich übrigens ganz einfach überprüfen: Man nehme die Auster, träufle eine Idee Zitronensaft auf den dunklen Außenrand des Tieres und kann dann schaudernd beobachten, wie sich langsam, aber zweifelsohne von einer augenscheinlichen Lebendigkeit geprägt, ebendieser dunkle Rand schützend zurückzieht. Voilà, sie leben noch!

Derart weitergebildet, ließ ich mir die Meeresviecher mit besonders viel Ehrfurcht munden! (Erstens wegen meines natürlichen Respekts vor dem Wunder des Lebens; zweitens wegen meines gewachsenen Respekts vor dem Wert meines hart verdienten Gehalts, welches ich für diese widerlich schleimigen Austern zu verprassen gedachte – ich bin wahrlich ein Idiot.)

Aber egal, worauf ich eigentlich hinauswill: Ich aß also diese Muschel. Und egal, wie widerstandsfähig so eine Ostreidae auch immer sein mag ... spätestens, als sie mit einem ungustiösen Schlürfgeräusch in meinem Schlund verschwand, war sie nachhaltig und unzweifelhaft TOT.

Eine Frage, liebe Daniela: Was denkst Du? Löste sich, als ich mit meiner Austerngabel brutal und unnachgiebig das lebendige Fleisch von der Schale entfernte, um es anschließend zu verspeisen, gleichzeitig eine kleine AUSTERNSEELE von den sterblichen Überresten? Entschwebte das Bewusstsein meiner kleinen Auster tatsächlich in eine bessere Austernwelt, wo es keine Feinde gibt, keine Sorgen und erst recht keine französischen Restaurants?

Glaubst Du wirklich, Dani, dass meine Auster jetzt im Austernhimmel weilt? Und Harfe spielt? Vielleicht Seite an Seite mit den Miesmuscheln, die ich letzte Woche verspeist hatte?

Nein, das glaubst Du sicherlich nicht. Und jetzt lass Dir Folgendes gesagt sein: So wie den Austern, die, wenn sie tot sind, in erster Linie tot sind und sonst gar nichts, geht es auch – wie jeder anderen Spezies auf diesem Planeten – UNS MENSCHEN! Wenn wir tot sind, sind wir tot. Aus. Schluss. Basta. (Oder im Falle von Meerestieren: Pasta.)

So weit, so schlecht. Wenn also nach dem Leben kein neues Leben kommt und es damit also einfach vorbei ist, so ähnlich, als ob man das Licht ausschaltet, dann lässt dies doch nur einen Schluss zu: dass es nur dieses eine Leben gibt.

Und damit (ja, manchmal brauche ich ein wenig, um zum Punkt zu kommen ...) möchte ich Dir Deine Fragen gerne beantworten: Nein, ich denke nicht, dass wir nach einer harten Trennung von einem einstmals geliebten Menschen keine Trauerzeit bräuchten, ganz im Gegenteil! Nachdem mittlerweile klar sein dürfte, dass der Mann an und für sich viel sensibler ist als die Frau, würden wir Herren sicherlich sogar mehr Zeit benötigen als das weibliche Geschlecht. Bloß (und damit wieder zurück zu den Austern und dem Tod) haben wir nicht die ZEIT dazu, zur Hölle! Es ist doch allgemein bekannt, dass wir Männer (von Sorgen und Gram rund um alles Weibliche in den gesundheitlichen Ruin getrieben) weitaus KÜRZER LEBEN als Frauen! Und uns damit den temporären Luxus eines solo verbrachten Lösungs- und Abschiedsurlaubes einfach nicht leisten können. Punkt.

Und das nächste Mal nimm mich gefälligst mit! Denn ich habe noch etwas anderes, seeehr Interessantes über die Wirkung von Austern erfahren (guter Mann, dieser Ober!), das ich unbedingt mit Dir – hochwissenschaftlich – erörtern muss.

Schönen Urlaub noch!

*Robert*

*Hallo, Du Austernexperte,*

mit dem Blick aufs Meer und den Füßen im Sand sitze ich nun also unter einer Palme und denke über Deine letzte E-Mail nach. Es wäre an dieser Stelle übrigens ein Leichtes, zu sagen: „Eh klar. Frau geht der Liebe auf den Grund, Mann denkt nur ans Essen." Da ich Euch Männer aber kenne (ein wenig), schätze (sehr) und mag (sehr, sehr!), weiß ich Deine Austernerklärung absolut zu schätzen.

Dazu drei Punkte:

1. Ich schließe nicht aus, dass wir nach dem Tod irgendwann wieder auf die Erde zurückkommen. Ich meine, ich WEISS es genauso wenig wie Du, halte es aber durchaus für möglich. Vielleicht beginnt man auf der Erde als Auster und entwickelt sich tausend Leben später zu einem weisen Menschen. Vielleicht hat Deine niedliche Auster also tatsächlich eine kleine reine Austernseele und Ihr beide trefft Euch im nächsten Leben wieder. Ehrlich gesagt, finde ich die Vorstellung, immer wieder zu kommen, sogar schön. Es erleichtert das Loslassen, wenn ich mir denke, dass ich diesem Jemand, sollte er richtig wichtig sein für mich, sowieso noch einmal (oder mehrere Male) begegne. Mehrere Leben sind mehrere Chancen – ist gleich: mehr Zeit!

Womit ich bei Punkt 2 angelangt bin.

Klar werden Frauen, statistisch gesehen, älter als Männer. Allerdings könnte es sein, dass mir in den nächsten 30 Sekunden eine Kokosnuss auf den Kopf fällt und meinem langen Frauenleben somit ein jähes Ende gesetzt wird. Man weiß also nie ...

Und 3.: Männer sind ganz sicher NICHT sensibler als Frauen. Sie benützen dieses Argument aber äußerst gern als Ausrede: für ausschweifenden Alkoholkonsum, Fremdgehen, Abwesenheit in brenzligen Situationen, endloses Schweigen und „Sich-in-sich-Zurückziehen". Die universal einsetzbare Entschuldigung lautet: „Schatz, es tut mir leid. Aber Du weißt ja – wir Männer sind halt sooo sensibel ..."

Aber noch einmal zum Thema ZEIT:

Ich behaupte: Wir Frauen haben vielleicht ein längeres Leben, mehr Zeit jedoch haben Männer!

Mit dreißig beginnt eine Frau darüber nachzudenken, ob sie die nächsten 10 Jahre (und 10 Jahre sind verdammt wenig!) dem Nachwuchs oder der Karriere widmen soll. Oder wie beides unter einen Hut zu bekommen ist. Nebenbei ist sie damit beschäftigt, frühzeitiger Faltenbildung vorzubeugen, der Erschlaffung diverser Körperstellen entgegenzuwirken, sich geistig und emotional weiterzuentwickeln, die aktuellen Trends im Auge zu behalten, einen Mann fürs Leben zu finden beziehungsweise so sie schon einen gefunden hat, an der Beziehung zu arbeiten, aufregend zu bleiben, endgültig erwachsen zu werden, aber nicht zu altern. Sicherlich tut Ihr Männer das alles auch. Aber Ihr tut es in der Gewissheit, dass Ihr dafür nicht bloß 10, sondern mindestens 20 Jahre zur Verfügung habt … und kauft Euch erst einmal ein neues Motorrad.

Während einer Frau mit vierzig klar wird, dass ihr nur noch maximal ein paar Jahre zum Kinderkriegen bleiben, beginnen gleichaltrige Männer oft erst zu überlegen, ob es nicht vielleicht doch schön langsam an der Zeit wäre, die Pubertät endgültig hinter sich zu lassen und erwachsen zu werden.

Mit fünfzig begrüßt Frau die Wechseljahre, während Mann gerade fröhlich sein erstes Kind zeugt.

Ehrlich, ich gönne Euch diesen kleinen Vorteil (wir Frauen haben dafür andere). Als Ausrede lasse ich das Zeitproblem aber nicht mehr gelten.

In diesem Sinne – liebe Grüße ins Bergwerk.

Genieß diesen schönen Tag! Denn in einem be-
handelt uns das Leben mehr als gleich:
Jünger werden wir alle nicht!
(Dafür aber immer weiser …)

*Daniela*

*Liebe Daniela,*

ich wüsste gar nicht, was ich mir aus Deiner lieben E-Mail zuerst vornehmen sollte, um es in freundschaftlicher Verbundenheit in tausend kleine Teilchen zu zerpflücken. Ist es nicht unglaublich, wie viele unterschiedliche, hochkomplexe Themen eine Frau in so wenigen Zeilen unterzubringen weiß? Je mehr ich in Deine – für uns Männer so komplizierte, wie auch geheimnisvolle – Gedankenwelt einzudringen versuche, desto mehr neige ich dazu, mich vor zwei Türen (und damit vor einer sprichwörtlichen Qual der Wahl) stehen zu sehen: Entweder ich gebe es heute und für alle Zeit endgültig auf, die Hauptaufgabe meines bisherigen Lebens darin zu sehen, Euch Frauen zu verstehen. Oder ich lasse mich auf dieses gefährliche Ansinnen noch mehr als bisher ein, wir schreiben tatsächlich dieses Buch und klären die wichtigsten Belange zwischen unseren beiden Geschlechtern ein für alle Mal!

Nun, nach reiflicher Überlegung – bei einem Mann heißt das übrigens: circa zwei komma fünf Sekunden – lacht mich Letzteres dermaßen bezaubernd an, dass ich gar nicht anders kann: Ich werde mit Dir in Wort und Schrift also dieses Buch verfassen und schwöre hier mit aufrechter Männlichkeit, die Standpunkte meiner Artgenossen (gottlob denken wir Männer alle gleich, darum habe ich es hier wohl etwas einfacher als Du) mit Herz und Hirn darzustellen und nötigenfalls mit aller Kraft gegen Deine charmanten An- und Untergriffe zu verteidigen.

Auch auf die Gefahr hin, dass mein armes Männerhirn am Ende unserer Arbeit in tausend kleine Fetzen explodiert (wie in diesem Film, den ich kürzlich sah ... Du als Mädchen kennst ihn bestimmt nicht!), werden wir es also tatsächlich wagen. Sag also Deinem Verleger, dass er ab sofort auch mein Verleger ist.

*Hurra, Robert*

# Schuhe oder: Die wichtigsten Nebensachen der Welt

> *„Ewig besiegt das Weibliche durch Stille das Männliche."*
>
> *Laotse*

*Lieber Robert,*

lass uns das Experiment wagen – finden wir heraus, ob unsere Sicht der Dinge tatsächlich so unterschiedlich ist, wie ständig kolportiert wird.

Bevor ich so richtig loslege, muss ich eine Kleinigkeit klarstellen: Ich mag Männer. Obwohl ich Euch so oft nicht verstehen kann. Aber dieses Unverständnis erzeugt Reibung und Reibung erzeugt Wärme. Und so schafft es immer wieder einer von Euch, dass er mir Schmetterlinge in den Bauch zaubert.

Es gibt allerdings Zeiten, da vermisse ich Euch. Besser gesagt: den einen, ganz speziellen, den Schmetterlingslieferanten eben.

Diese Zeiten sind wie Weihnachten ohne Schnee: kalt, dunkel und – ja, ich gebe es zu – ein wenig leer.

Wie gut, dass es in diesen Zeiten SCHUHE gibt (Not kennt kein Gebot!)!!!

Bist Du schon irgendwann mal einsam durch die Straßen spaziert; mit eingezogenem Kopf, frierend und einem kleinen Schmerz im Herzen und dann, ganz plötzlich – wie aus dem Nichts –, standen sie vor Dir? Auf einmal waren sie da. Sie, auf die Du Dein ganzes Leben lang gewartet hast: strahlend, selbstbewusst und einzigartig – die schönsten Schuhe der Welt! Dein Verstand setzt aus. Wie von einer geheimnisvollen höheren Macht geführt, betrittst Du den Laden, fühlst Dich wie berauscht – verzaubert gar –, stehst IHNEN zum ersten Mal gegenüber, ohne dass eine gläserne Wand Euch trennt, streichst sanft über das weiche Leder, inhalierst süchtig ihren Duft und weißt: Nichts kann Euch mehr trennen. Du bezahlst (verdrängst den mahnenden Blick Deines Bankbetreuers, der kurz vor Deinem inneren Auge auftaucht), ziehst sie natürlich gleich an und schwebst hinaus auf die Straße. Dir ist warm ums Herz und Deine Wangen glühen wie nach … na ja, Du weißt schon.

Es ist nicht so, dass Schuhe Euch Männer ersetzen können. Aber wenn Du in Deine Traumschuhe schlüpfst, kehren Hoffnung und Zuversicht zurück. Du lauschst dem klappernden Klang Deiner neuen Schuhe und weißt plötzlich, dass Du Dich wieder verlieben wirst. Nein, Schuhe können es niemals mit Euch Männern aufnehmen: Sie verschönern uns jedoch den Weg zu Euch. Und sorgen für Wärme, Prickeln und Freude, während wir auf Euch warten!

*Daniela,*

nach der erschütternden Lektüre Deiner Schuh-E-Mails möchte ich zuerst einmal meiner tiefen Enttäuschung Ausdruck verleihen. In meinen Träumen sah ich uns eigentlich stets gemeinsam vor dem Fernseher lungern, wo wir in amikaler Eintracht den Kopf über die siebente Wiederholung von „Sex and the City" schütteln, um uns anschließend wegen solch maßlos übertriebener Frauenbilder schenkelklopfend kaputtzulachen. Und nun muss ich Ähnliches erleben wie Brooke Adams, als sie im Finale des Gruselschockers „Die Körperfresser kommen" erkennt, dass auch Donald Sutherland ein Außerirdischer geworden ist.

Zunächst: Danke schön, dass Du mir die Angst nimmst, jemals traurig meiner Freundin zum Abschied winken zu müssen, weil sie sich etwa in ein Paar Manolos verliebt hat! Dass Schuhe einen Mann nicht ersetzen können, war für mich die definitiv frohe Botschaft des Tages, quälen uns Männer derlei Ängste ja faktisch durchgehend. Ich möchte Dir mit einer sicherlich ähnlich erleichternden Nachricht den Tag versüßen: Eine Flasche Bier wird niemals eine Frau ersetzen! Freust Du Dich jetzt? So viel dazu.

Dass die holde Weiblichkeit in so ungesundem Ausmaß auf Schuhe abfährt, hielt ich bisher eigentlich für eine maßlose Übertreibung dumper, vorwiegend männlicher Vorurteile. Gut, eine gewisse Leidenschaft für ein schönes Äußeres mag ja – übrigens geschlechterübergreifend – leicht nachvollziehbar sein, auch ich selbst kaufe ab und an gerne etwas Neues zum Reinschlüpfen. Aber dass Frauen derart orgiastische Gefühle erleben, nur weil sie sich neue Treter organisieren, hielt ich bisher maximal für eine Persiflage weiblicher Leidenschaften. Auch meine bis-

herigen, zutiefst persönlichen Erfahrungswerte hätten mir eigentlich keine Indizien dafür geliefert, dass die berüchtigte frauliche Schuhleidenschaft mehr wäre als eine maßlose Übertreibung. Meine derzeitige Herzensdame ist diesbezüglich sogar dermaßen emotionsfrei, dass ich mit ihr bereits mehrmals und tatsächlich völlig furchtlos Schuhgeschäfte betreten konnte. Wir sahen uns um, probierten dies und das, um schließlich unverrichteter Dinge den Sohlenhandel wieder zu verlassen. Und ich kann nicht behaupten, dass ich jemals mehr als drei Worte („ja, die passen") über Schuhe verloren hätte, auch nicht gegenüber einer meiner Ex-Damen.

Aber Deine Worte zeigen mir völlig klar: Ich bin bisher gerade mal so davongekommen, hatte anscheinend einfach nur seltenes Glück. Männer mögen in dieser Angelegenheit ja vielleicht tatsächlich von einem anderen Stern kommen als Frauen, weiß man doch etwa von Niki Lauda, dass der Schuhe so lange trägt, bis sie sich auflösen, um erst dann – sparsam wie praktisch – dasselbe Paar (es hat sich ja bewährt) noch mal zu kaufen. Ein weiser Mann, dieser Niki! Warum uns Herren die weibliche Leidenschaft für geklebtes Leder mit oder ohne Stöckel so dermaßen fremd scheint, hat einen einfachen Grund: Sie ist und bleibt eine klassische Eigenschaft der Frauen dieses Planeten, der wir keine typisch männliche Gewohnheit gleichen Ausmaßes und annähernd ähnlicher Intensität entgegensetzen können.

Was, zum Teufel, haben wir Männer an und in uns, das nur ansatzweise mit Eurem Schuhfetisch vergleichbar wäre? Gäbe es im virilen Universum auch nur annähernd Ähnliches, was sollte das wohl sein? Unser Hang zu schnellen, motorisierten Fahrzeugen? Wohl kaum mehr typisch männlich, seit sich die europäische Automobilindustrie durch kleine, flinke Stadtflitzer vorwiegend den weiblichen Käuferschichten widmet. Unser Bierkonsum? Eine üble Nachrede der Brauereien, wo doch schon fast mehr Frauen den Humpen heben als je zuvor. Oder unsere Leidenschaft für sexistische Witze? Wer jemals, wie ich, einem „Frauenabend" beiwohnen durfte, weiß, dass die Freizügigkeit weiblicher Gesprächskultur nur wenige Grenzen kennt. Und es selbst gestandenen Männern die Schamesröte ins Gesicht treibt, so sie, bedingt durch ein besetztes Herrenklo, auf das der Damen ausweichen müssen, um dann hinter verschlossener WC-Türe den verbalen Untiefen jener Frauengespräche zu lauschen, die Mädels vor dem Schminkspiegel veranstalten. Der blanke Horror.

Ganz ehrlich: Mir fallen eigentlich nur zwei Dinge ein, die mich mit einer vergleichbaren Leidenschaft erfüllen wie Dich der Ankauf neuer Patschen. Und das ist erstens – ja, ich gebe es gerne zu –: aus vollem Halse laut und hemmungslos zu rülpsen. (Ein inneres, zutiefst befreiendes Amüsement, das eine Frau entweder wirklich nicht nachvollziehen kann oder es einfach nur nicht öffentlich zugeben will ...) Und zweitens – und vielleicht ist dies ja das tatsächliche männliche Gegenstück zu jener zutiefst weiblichen Eigenschaft, Pumps, Stilettos und Stiefel zu verehren –: meine tiefe, von Herzen kommende Abneigung und mein ehrliches, offenes Desinteresse an ... Damenschuhen.

*Robschi*

*Robert,*

Du überraschst mich immer wieder. Nie hätte ich gedacht, dass das Thema „Schuhe" bei Dir solche Emotionen hervorrufen würde! Und: Vor lauter Aufregung sind Dir ein paar Kleinigkeiten entfallen. Stichwort Nr. 1: Playstation. Stichwort Nr. 2: Motorrad.

Es ist mir schon klar, dass Du Frauen kennst, deren Herz noch stärker für ihr heißes Eisen schlägt als Deines. Diese Frauen kenne ich auch. Ich kenne allerdings noch mehr Frauen, die sich freiwillig niemals auf so ein Ding setzen würden. Wozu sich am unbequemen Motorrad quälen, wenn man auch mit dem komfortablen Auto fahren kann? Aber gut. Ganz tapfer nehmen sie hinter IHM – was tut man nicht alles aus Liebe – Platz und verdrängen den Gedanken an mögliche Stürze, den schmerzenden Hintern und die Helmfrisur. Glaube mir, es gibt diese Frauen – und ich bin eine von ihnen. Durchquerte dieses Land auf dem Hintersitz eines Bikes bei orkanartigem Regen, mit Blasenentzündung, bei gefühlten minus 10 Grad und bei gemessenen plus 32. Holte mir Schüttelfrost und eine Erkältung, die mich für eine Woche ans Bett fesselte. Bekam beinahe einen Hitzekollaps und konnte mein Steißbein nicht mehr spüren. Dennoch lächelte ich sanft, schmiegte mich verliebt an den Fahrer, der natürlich der beste Motorradfahrer der Welt war, und mimte die glückliche Lebensabschnittsgefährtin. Blöd war ich! Und ich bin nicht die Einzige.

Schade ist nur, dass Ihr Männer einen derartigen Liebesbeweis nicht als Liebesbeweis erkennt. Weil Ihr nämlich glaubt, dass es nichts Größeres gibt auf diesem Planeten, als mit Euch auf einem Super-Bike (das Ihr natürlich nur uns zuliebe gekauft habt!) durch die Gegend zu brausen. Und weil wir Euch lieben und wollen, dass Ihr Euch gut fühlt und in Eurer Männlichkeit bestätigt seid, lassen wir Euch in dem Glauben, dass es tatsächlich GENAU SO ist. Von den Qualen, die so eine Fahrt mit sich bringt, berichten wir allerhöchstens unseren Freundinnen, die verständnisvoll nicken und uns wiederum von IHREN motorradausflugbedingten Schmerzen erzählen. Quasi die vorgetäuschte PS-Euphorie. Hin und wieder täuschen wir eben vor, um unseren Liebsten glücklich zu machen. Und so seid Ihr alle „der beste Liebhaber, den ich jemals hatte", „der einzige Mann, bei dem ich IMMER komme" und „der beste Motorradfahrer der Welt". Wir täuschen vor – und Ihr lasst Euch nur allzu gerne täuschen.

Fallen kleine Lügen, die ausschließlich dazu da sind, das Selbstbewusstsein des anderen aufzupolieren, überhaupt schon in die Kategorie „Lügen"? Ich denke nicht.

*Daniela*

PS: Hat Dir schon jemals eine Frau einen Orgasmus vorgetäuscht? 90 Prozent der von mir zu diesem Thema befragten Männer antworteten auf diese Frage: „Nein, das würde ich auf jeden Fall bemerken." Jetzt kommt die Pointe: Nahezu jede von mir zu diesem Thema befragte Frau hat in ihrem Leben bereits mindestens einmal einen Orgasmus vorgetäuscht. Um ihm eine kleine Freude zu machen, um bei ihm kein schlechtes Gefühl zu hinterlassen. Um die ganze Sache ein wenig abzukürzen, um sich den Ruf als gute Liebhaberin nicht zu ruinieren ... Warum auch immer – Fakt ist: Ohne kleine Flunkereien wären die meisten Beziehungen verdammt kurz. Und es wäre noch komplizierter und schwieriger, überhaupt eine Beziehung zu führen.

## *Liebe Daniela,*

ich überlege gerade krampfhaft, ob Du Dich jemals mit einer meiner Freundinnen unterhalten hast ... und stelle erleichtert fest: Nein. Insofern rufe ich Dir mit erhobenem Schwerte zu: „Niemals hat mir eine Frau den Orgasmus vorgespielt!" (An dieser Stelle sei es den hoch geschätzten Leserinnen, wenn meine Zeilen jemals veröffentlicht werden sollten, erlaubt, herzlich und ungläubig zu lachen. Aber ich weiche von meiner Meinung nicht ab, ist doch der gute Glaube die ultimative Basis jeder Beziehung!)

*Robert*

# Die wichtigste Hauptsache der Welt

> *„Ich muss nicht jeden Tag Sex haben – aber ich könnte. Und das finde ich sehr beruhigend."*
>
> *Udo Jürgens*

*Lieber Robert,*

ich denke, wir sind bereit für DAS Thema. Schuhe, Motorräder – alles schön und gut, aber in Wahrheit interessiert uns doch vor allem eines: nämlich SEX.

Das grundsätzliche Interesse an SEX ist vielleicht das einzige, das die Geschlechter auch dann noch eint, wenn alles andere sie entzweit. Was die Feinabstimmung betrifft, bin ich mir da nicht so sicher. Ein Mann will Sex, weil er Sex will. Eine Frau will Sex, weil sie Zuneigung und Aufmerksamkeit will und das Gefühl, begehrenswert zu sein. Ein Mann will Sex, weil er Sex will. Eine Frau will Sex, weil sie Mutter werden möchte. Ein Mann will Sex, weil er Sex will. Eine Frau will Sex, weil sie Liebe will.

Hast Du schon einmal einen Mann getroffen, der sich darüber beklagt, dass seine Freundin/Frau/Lebensabschnittspartnerin/Geliebte/Affäre zu oft mit ihm schlafen möchte? Ich spreche jetzt nicht von sexueller Überforderung aus medizinischen Gründen (Vogelgrippe, Gelbfieber, Typhus), sondern vielmehr vom ganz alltäglichen „Wollen" oder „Nichtwollen". Ich nicht.

Ich kenne intellektuelle Männer und weniger intellektuelle, schöne Männer und Männer, bei denen die Schönheit erst auf den zweiten oder dritten Blick ersichtlich ist. Sensible Männer und echte Elefanten im Porzellanladen, praktisch veranlagte Männer und Männer, die schon beim Einschlagen eines Nagels dem Nervenzusammenbruch nahe sind, ungepflegte Männer und viel zu eitle, Machos und an Frauenthemen interessierte Männer. Ich kenne kultivierte Männer und welche, die „Gaudi" für eine Käsesorte halten, an einem Gespräch interessierte Männer und wahre Schweigekünstler, aufmerksame Männer und jene Sorte Mann, neben der Du verdursten könntest und sie würden es nicht bemerken.

Ich kenne egoistische Männer und Männer, die mit einem viel zu offenen Herzen durch die Welt rennen, kleine Männer und welche über 1,90, muskulöse Männer und Männer mit einem stattlichen Bierbauch, vollbärtige Männer und Männer mit Wangen, die sich anfühlen wie ein frisch gewaschener Babypopo. Junge Männer, die noch grün hinter den Ohren sind, und alte, denen ein bisschen Grün hinter den Ohren nicht schaden würde. Monogame Männer und einige, die es als reine Verschwendung betrachten, ihre Männlichkeit an eine einzige Frau zu verschwenden. Ich kenne interessante, geduldige, humorvolle, musikalische, ehrgeizige, niveaulose, bescheidene, sportliche, eloquente, hundeliebende, kunstinteressierte, kochende, belesene, nervenstarke, freiheitsliebende, handwerkende, spießige, geschäftstüchtige, homosexuelle, verheiratete und fantasiebegabte Männer.

Aber mir ist noch kein Mann begegnet, der nicht ein zentrales (und manchmal sogar übersteigertes) Interesse an Sex aufweist.

Klarerweise ist Sex auch für uns Frauen kein unwichtiges Thema. Sonst wäre die Menschheit vermutlich schon ausgestorben. Aber siebenmal die Woche halte ich für etwas übertrieben.

Ich beneide Euch. Ihr könnt einen 12-Stunden-Arbeitstag hinter Euch haben, inklusive Stau, Magenschmerzen und Stress mit dem Chef: Auf Sex habt Ihr immer noch Lust. Die Wohnung ist unaufgeräumt, das Nachbarhaus stürzt gerade ein, der nächste Termin wartet schon – egal. Wenn der Hund bellt, hat das „Herrchen" zu gehorchen. Die Tage, an denen man den eigenen Körper nur für sich allein haben möchte, sind Euch fremd. Den Wunsch, nach einem langen Tag einfach nur noch ins Bett zu fallen und zu schlafen, kennt Ihr nicht. Ihr könnt immer und wollt immer (oder wollt Ihr nicht, dass wir denken könnten, dass Ihr auch nicht immer wollt und könnt?).

Robert, diesmal erwarte ich Deine Antwort besonders sehnsüchtig. Und bitte schreib jetzt nicht, dass Ihr Männer in Wahrheit nur reden und kuscheln wollt. Eine Welt würde zusammenbrechen. Es ist zwar ganz schön, hin und wieder von einem Mann zu träumen, der nur reden und kuscheln will. Das heißt aber noch lange nicht, dass wir so einen Mann auch WOLLEN!

*Daniela*

## *Liebe Daniela,*

ein Mann will in erster Line SEX. Aber auch Liebe. Aber niemals Liebe ohne Sex. Sex ist sehr, sehr wichtig für einen Mann. Und ich kenne sogar Frauen, die diesbezüglich denken wie Männer und auch nur Sex wollen. Witzigerweise wollen wir solche Frauen ganz besonders, nur komischerweise nicht als Lebenspartnerin. Weil wir ja (schrieb ich dies schon?) auch Liebe wollen. Liebe und Sex. Nein, warte: Sex und Liebe. Aber vor allem … Sex. Und er darf auch gern mal „schmutzig" sein und abwechslungsreich und fantasievoll und abenteuerlich. O ja, Sex in all seinen geilen Varianten, das gefällt uns Männern sehr! Sex ist wichtig. Es geht eigentlich … meistens um … SEX! Grunz! Brüll! Uaaah! Ich Tarzan, Du Jane! Sex! (Wann? Wo? Ich bin bereit!!)

Pardon, ich lasse mich gehen … es kommt nicht wieder vor.

*Robert*

# Treue

> *„Wenn einem die Treue Spaß macht, dann ist es Liebe."*
>
> *Julie Andrews*

*Lieber Robert,*

unser Möchtegern-Verleger meint, falls wir das Buch schreiben wollen, sollten wir das Thema TREUE nicht außer Acht lassen. Finde ich grundsätzlich auch, ich weiß nur nicht, warum wir über etwas schreiben sollen, das überhaupt nicht existiert. Ehrlich gesagt, bin ich punkto Treue in den letzten Monaten sehr unsicher geworden. Warum? Ganz einfach: In meiner Brust wohnen diesbezüglich zwei Seelen. Nämlich Daniela, der Mensch und Daniela, die Frau.

Der MENSCH Daniela weiß ganz genau, dass sich sexuelle Anziehung (in den meisten Fällen) irgendwann abnützt und man seinen Partner theoretisch noch genauso lieben kann, wenn man hin und wieder mit einem/einer anderen Sex hat. Der MENSCH Daniela ist sich auch der Tatsache bewusst, dass Männer nicht die Lumpen und Frauen nicht die Opfer sind.

Die FRAU Daniela sieht das differenzierter. Ich habe – wie jedes andere kleine Mädchen auch – gelernt, dass ich irgendwann den Mann meines Lebens kennenlerne, ihn heirate und bis an mein Lebensende (so er nicht vor mir über den Jordan geht) mit ihm glücklich bin. Von irgendwelchen anderen Frauen, die mein Mann mindestens genauso anziehend findet wie mich, war nie die Rede. Von einer offenen Beziehung und einem fremdgehenden, Stripklubs und Bordelle besuchenden Ehemann stand schlicht und einfach nichts im Vertrag!

Die FRAU in mir möchte immer noch, dass der Mann an ihrer Seite nur Augen für SIE hat und nie, nicht einmal eine Minute lang, mit dem Gedanken spielt, mit einer anderen zu schlafen. Da bin ich spießig.

Der MENSCH in mir hat jedoch bereits begriffen, dass dies nahezu ein Ding der Unmöglichkeit ist.

Männer sind große Jäger: immer auf der Pirsch. Ist die Beute erlegt, muss ein neues Objekt der Begierde her. So läuft Euer Spiel. Der großzügige und politisch korrekte MENSCH Daniela kann damit leben: So seid Ihr Männer halt. Und wir Frauen sind wahrscheinlich auch nicht viel besser. Die FRAU in mir jedoch ist in diesem Punkt – ich gebe es zu – wesentlich unflexibler: Was zum Teufel ist so schwierig daran, nur mit EINER den Kopfpolster zu teilen? Triebe hin oder her – der liebe Gott hat es auch mit Euch gut gemeint und Euch so etwas wie Verstand mit auf den Weg gegeben – und es ist nicht verboten, diesen auch dann und wann zu gebrauchen!

Der MENSCH in mir sagt: Wozu der ganze Stress? Warum erweitern wir nicht unsere Grenzen, dann haben wir alle viel weniger Kummer?

Die FRAU in mir hält dagegen und fühlt sich gedemütigt.

Der MENSCH Daniela findet Eifersucht völlig uncool und komplett überflüssig, die FRAU Daniela hat Angst davor, als Kinder, Hund und Haus hütende Ehefrau zu enden, während mein Ehemann fröhlich durch fremde Betten hüpft.

Bleibt noch eine wichtige Frage offen: Wo beginnt eigentlich Untreue? Beim Gedanken an eine(n) andere(n)? Beim Küssen, beim Sex oder erst, wenn man sich in jemand anderen verliebt?

Was sagt der Mann in Dir zu dem ganzen Schlamassel?

*Daniela*

## *Liebe Daniela,*

das ist ein sehr schwieriges, aber auch nachhaltig interessantes Thema. Und dass es in unserem Buch entsprechend behandelt werden will, ist mir so klar wie willkommen. Das Einzige, das mir ein wenig rätselhaft scheint, ist, warum ausgerechnet unser Verleger so begierig auf unsere diesbezüglichen Ergüsse ist, ist der Mann doch verheiratet und müsste deswegen – im Gegensatz zu mir – dem Thema „Männer und Treue“ der Weisheit letzten Schluss ja längst entlockt haben? Na, egal.

Dani, sag es all Deinen Freundinnen, denn es ist wahr: Männer sind in der Regel untreu. Und ich bin der Ansicht, dass sich dies auch kaum ändern lässt. Das ist traurig für Frauen, aber nun mal ein fester Bestandteil der männlichen Natur. Egal, welches Alter ein Mann erreicht hat, wie viel Weisheit und Abgeklärtheit man ihm attestieren mag, wie sehr er die Frau an seiner Seite auch liebt, wie befriedigend der Beischlaf mit seiner Angetrauten auch ist oder was er durch Untreue zu verlieren riskiert: Ein Mann wird stets vom Sex mit anderen Frauen träumen, kurzberockten Mädels hinterherpfeifen (zumindest im Geiste, wir sind ja zivilisiert, außer man trifft uns im Rudel) oder tatsächlich fremdgehen.

Aber nicht verzweifeln, Ladies, es gibt Ausnahmen. Bloß (sorry!) sind die nicht echt, sondern nur Mogelpackungen. Zwar habe ich die Erfahrung gemacht, dass es tatsächlich Männer gibt, die es schaffen, treu und monogam zu leben … Die, so unglaublich es auch klingt, den inneren Sturm und Drang, obgleich dieser mit fortgeschrittenen Lebensjahren abnimmt, beherrschen, besiegen und für die Frau, die sie lieben, auf die rein hypothetische Ebene zurückdrängen. (Vielleicht auch bisweilen weniger aus Liebe als vielmehr aus Schiss.) Aber ob das langfristig gesund ist, wage ich zu bezweifeln.

Bitte um Entschuldigung,

*Robert*

PS: Ehe ich es verdränge: Ich begegne immer mehr FRAUEN, die untreu sind und sich mit der Ausschließlichkeit einer monogamen Beziehung mehr als nur schwer tun. Wie es scheint, bereiten Evolution und Emanzipation durch die Weiterentwicklung des weiblichen Wesens bereits den ultimativ-schmerzhaften Racheakt am männlichen Geschlecht vor. Wir werden sehr leiden! Und das schon bald.

*Lieber Robert,*

ich habe die Lösung! Der französische Starkoch Paul Bocuse enthüllt in seiner Biografie, dass er seit vielen Jahren mit drei Frauen zusammenlebt und drei Haushalte unterhält. Mit Ehefrau Raymonde ist er seit 1946 verheiratet, Tochter Françoise ist 58 Jahre alt. Mit der Mutter von Sohn Jerôme ist er seit mehr als 50 Jahren zusammen, mit einer dritten Frau seit 35 Jahren. „Ich mache das, wovon jeder Mann träumt", sagt er – und: „Sie sind alle glücklich!"

Geht also doch. Vielleicht sollten wir ganz einfach aufhören, uns in irgendwelche Schemata pressen zu lassen und uns stattdessen fragen: „Was will ICH wirklich?"

In der Liebe ist es wie mit der Natur: Kein Baum trägt das ganze Jahr über grüne Blätter. Kein Mensch kann STÄNDIG für den EINEN anderen das berühmte Prickeln empfinden. Hören wir doch auf, uns zu quälen – fangen wir an, zu LEBEN! Der nächste Frühling kommt bestimmt …

*Daniela*

# Zurück zum Anfang

> *„Leiden ist zur Sinnerfüllung nicht notwendig; aber Sinn ist auch trotz und gerade durch Leiden möglich."*
>
> *Viktor Emil Frankl*

*Lieber Robert,*

kaum eine Woche vergeht, ohne dass sich nicht eine meiner Freundinnen von ihrem Mann/Freund trennt und auch halb Hollywood scheint vom Scheidungsvirus befallen. Mir kommt vor, als wäre es gerade unheimlich schick, seine Beziehung zu beenden. Die Welt ist voll von liebeshungrigen Neo-Singles. Sind etwa alle bereit für einen Neubeginn?

Eine Trennung ist niemals ein freudvolles Erlebnis. Entweder man muss jemandem erklären, dass man ihn/sie nicht mehr liebt, oder – noch schlimmer – man wird verlassen. Frauen und Männer gehen gleichermaßen durch die Hölle, wenn sie in die Wüste geschickt werden. Der Schmerz sitzt uns allen wie ein Stachel in der Brust, nur im Umgang mit dem Schmerz gibt es Unterschiede.

Laut Klischee ziehen sich Frauen in Zeiten der Trauer mit einer Tafel Schokolade und einer Riesenpackung Taschentücher ins Bett zurück, hören traurige Musik, telefonieren stundenlang mit der besten Freundin und lassen die Tränchen fließen, während Männer in irgendwelchen Bars rumhängen und sich in ihrem Kummer eine andere „schönsaufen" (soll gerüchteweise zumindest bis zum nächsten Morgen funktionieren!). Das Frauen-Klischee kann ich teilweise bestätigen, zumindest die drei T's: Taschentücher, Telefon, Tränen. Einen geliebten Menschen loslassen zu müssen, ist furchtbar. Beinahe noch schwieriger jedoch ist es, sich von den Träumen zu verabschieden, die man mit diesem Menschen einmal verbunden hat.

WIE trennt man sich möglichst elegant? Auch hier: zwei Geschlechter – zwei Stile. Wir wollen klärende Gespräche („Was habe ich falsch gemacht?"),

geteilten Schmerz und die Aussicht auf (wenigstens!) Freundschaft (den berühmten Satz „Lass uns gute Freunde bleiben" hat wahrscheinlich eine Frau erfunden!). Der Mann will seine Ruhe.

Männer sind in der Lage, übrig gebliebene Gefühle in eine Schachtel zu stecken und in Frieden – als wäre nie etwas gewesen – weiterzuleben. Frauen können aus einer kaum mehr wahrnehmbaren Gefühlsglut erneut ein riesiges Liebesfeuer entfachen. Genau deswegen dauert Liebeskummer bei uns manchmal eine halbe Ewigkeit.

Natürlich kann ich Trennungen auch Positives abgewinnen. Beziehungen, die nicht (mehr) funktionieren, soll man nicht krampfhaft festhalten. Besser mehrmals für kurze Zeit glücklich als einmal für lange Zeit unglücklich!

Dennoch: Ich möchte nicht, dass etwas kaputtgeht, an das ich so sehr geglaubt habe. Ich möchte nicht, dass ich die wunderschönen Worte nie mehr höre, die ER zu mir gesagt hat. Ich möchte nicht schon wieder mein Herz flicken und mich neu verlieben müssen. Kann nicht EIN MAL irgendetwas für immer sein? Oder ist auch das lediglich ein frommer Frauenwunsch?

*Daniela*

*Dani,*

es ist schon eigenartig. Kaum geht es um das wohl traurigste Kapitel, das es in den so wunderbaren Geschichten von Frauen und Männern zu besprechen und beschreiben gilt, sind Deine Worte so fein gewählt, so verletzlich und flehentlich zerbrechlich.

Eigenartigerweise habe ich – im Gegensatz zum Anschein Deiner Worte – im Laufe meines Lebens eine völlig gegenteilige Praxis erfahren, die immer dann tragend wird, wenn Frauen mit Männern Schluss machen. Ich möchte sogar sagen, dass ich selten eine derart brutale Eiseskälte erlebt habe, wie sie mir angesichts so mancher sich von ihren ehemaligen Liebsten trennenden Damen ins Gesicht schlug! Es dürfte sich um eine Tatsache handeln, dass Ihr Mädels Euch vor Trennungen zwar genauso schmerzhaft fürchtet wie wir Männer ... Aber in der Art, WIE Ihr es vollbringt, eine Beziehung ihrem Ende zuzuführen, seid Ihr so hart und unnachgiebig wie Stahlbeton. Vielleicht ist es die noch viel tiefer sitzende Furcht vor „Neverending Stories" und „on-/off-Beziehungen", die sich in ihren Liaisons unzufriedene Frauen angesichts tickender Lebensuhren einfach nicht leisten wollen. Irgendwie verständlich.

Männer sind ja in Bezug auf Trennungen ganz anders. Irgendwie ... weiblicher, findest Du nicht? Zum Beispiel scheuen wir kaum etwas so sehr wie ein finales Konfliktgespräch, sodass wir es vorziehen, lieber jahrelang eine auslaufende Beziehung zu führen oder uns in eisernes Schweigen zu hüllen, bis Ihr Frauen endlich – völlig entnervt – zur aktiven Aufgabe bereit seid. Und dieser unfassbare Kraftakt hat dabei nur den einen Hintergrund, Euch durch männlich initiiertes Beenden der Beziehung nicht rücksichtslos das Herz aus dem Leibe zu reißen. Das tut Ihr bei uns dann umso schonungsloser, indem Ihr uns Dinge sagt wie „Wollen wir nicht Freunde bleiben?" und ähnlichen Unsinn.

Wenn zwei Menschen jemals einander liebten, muss man auch bei dem meist unausweichlich auf uns zurasenden Ende einer solchen Intimität bedenken, wie unüberbrückbar die Schluchten zwischen Mann und Frau letztendlich doch sind. Der größte Unterschied ist sicherlich jener, dass eine Frau mit einem Ex messerscharf abschließen kann, ohne jemals wieder sehnsuchtsvoll an ihn zu denken; derweilen Männer eine Frau, die sie einstmals „besessen" haben (ja, sorry, aber so ticken wir halt), NIE-

MALS loslassen können. Vielleicht bedingt dies das so männliche Besitzdenken, aber allein der Gedanke, dass unsere Ex, Ex-Ex oder sogar Ex-Ex-Ex mit einem anderen Mann ... und dass der dann sein ... in ihre ... und überhaupt ... furchtbar!

Ich könnte über die Abartigkeiten, Gemeinheiten, die Verletzungen, Untergriffe, Kriege und Grabenkämpfe, die zwischen unseren Geschlechtern entstehen, sobald es zur Trennung kommt, sicherlich seitenweise schreiben. Das Thema ist so endlos wie jenes über die Liebe und all das Schöne, das Frauen und Männer zu teilen imstande sind. Aber zumindest ein paar Eckdaten lassen sich von meiner Seite auch in aller Kürze zusammenfassen:

1. Eine Trennung ist IMMER schmerzhaft. Egal, wer wen verlässt, es tut einfach weh.

2. Das Einzige, das zumindest einem von zweien noch mehr wehtut als eine Trennung, ist eine Trennung „in Freundschaft". Denn dass man einander nach dem Ende einer Beziehung eine Zeitlang nicht ausstehen kann, ja bisweilen geradezu hasst, ist nichts anderes als ein natürlicher Schutzmechanismus der Psyche. Er sorgt dafür, dass man einander zumindest so lange nicht mehr begegnen möchte, bis die Wunden verheilt sind und eine Freundschaft vielleicht tatsächlich möglich wird. Und genau dieser Punkt führt uns schon zu ...

3. Eine Trennung braucht ZEIT. Sogar viel Zeit. Und bis Mann (auch Frau) das Ende einer Beziehung wirklich überwunden hat, meistens mindestens so lange, wie sie einstmals währte. Auch dies scheint mir ein Naturgesetz zu sein.

Und jetzt höre ich auf, über Trennungen zu schreiben. Es ist einfach zu deprimierend.

Heul, schluchz, aus!

*Robert*

# Die Damen-Handtaschen-Offenbarung

> *„Es ist absolut sinnlos, die Frauen verstehen zu wollen, wo doch ihr größter Reiz in der Unergründlichkeit liegt.“*
>
> *Alfred Hitchcock*

*Lieber Robert,*

ich habe da mal eine zaghafte Frage: Warum brauchen Männer keine Taschen? Wo tut Ihr Geld, Kreditkarte, Bankomatkarte, Zigaretten, Feuerzeug, Schlüssel, Führerschein, Handcreme, Lippenpflegestift, Sonnenbrille, Taschentücher, Zahnseide, Kaugummi, Kondome, Kugelschreiber, Handy, Notizbuch hin? SO groß können Eure Hosentaschen doch gar nicht sein! Die männliche Art, Dinge aufzubewahren, ist mir ein großes Rätsel.

In dieser Sache sind wir Frauen eindeutig praktischer veranlagt. Wir haben große und wunderschöne Taschen und schlagen somit gleich zwei Schnäppchen auf einmal: Zum einen haben wir einen fixen Ort für unseren Kram, zum anderen ist die Tasche ein schickes Accessoire, das unglaublich schmückt.

Komischerweise werde ich von Männern immer wieder mit großen, fragenden Augen angestarrt, wenn ich mit meiner Tasche auftauche. Was sich in einer Damen-Handtasche befindet, fragen sie mich. Also, um diese Sache ein für alle Mal zu klären: nur das Allernotwendigste!

Nämlich:

1. Geld. Erklärt sich von selbst. Ohne Geld geht man ganz einfach nicht aus dem Haus. Auch dann nicht, wenn man eine Frau ist.
2. Bankomatkarte. Es kommt vor, dass das Bargeld ausgeht, in diesem Fall brauchen wir Nachschub.
3. Kreditkarte. Falls wir die perfekten Schuhe, das perfekte Kleid, die perfekten Ohrringe entdecken und gerade kein Bargeld dabeihaben.
4. Führerschein. Logisch.

5. Schlüssel. Ebenso logisch.
6. Taschentücher. Sind mindestens genauso wichtig wie Geld. Hat man ausnahmsweise keine in der Tasche (äußerst selten, aber doch), beginnt garantiert die Nase zu laufen. Wie auf Kommando. Furchtbar. Taschentücher verleihen ein Gefühl der Sicherheit. Außerdem könnte es sein, dass ein hübscher Mann ein Taschentuch braucht, weil ihn ein spontan einsetzender Niesreiz plagt und er zufälligerweise vergessen hat, welche einzukaufen. Dann bittet er Dich, ob Du ihm mit einem „Schneuzquadrat" aushelfen kannst … und schon kennst Du einen neuen netten Mann. Und hübsche nette Männer zu kennen, ist nie verkehrt.
7. Lippenpflegestift. Ein wahres Suchtmittel. Hat man einmal damit angefangen, kommt man nicht mehr davon los. Und: Hin und wieder möchte man spontan jemanden küssen. Kommt zwar nicht ständig vor, liegt aber durchaus im Bereich des Möglichen.
8. Kaugummi. Auch hier spielt die Sache mit dem Küssen eine gewisse Rolle, aber nicht nur. Schließlich ist ein (zuckerfreier) Kaugummi auch aus zahnmedizinischer Sicht sinnvoll.
9. Zahnseide. Speisereste zwischen den Zähnen: GEHT GAR NICHT!!!!!
10. Notizbuch und Stift. Hin und wieder küsst einen die Muse auf offener Straße – kluge Gedanken muss man sofort aufschreiben, sonst fliegen sie weiter!
11. Sonnenbrille. Augen zusammenkneifen macht Falten um die Augen – und da wir Falten erst möglichst spät wollen, setzen wir immer brav unsere Sonnenbrillen auf. Hat man auch dabei, wenn die Sonne gar nicht scheint. Die Wolken könnten sich nämlich innerhalb der nächsten zwei Stunden verziehen – und schon lacht sie wieder vom Himmel. Außerdem gibt es Momente, in denen man ein wenig weinen muss – dann ist es gut, etwas zu haben, wohinter man seine Augen verstecken kann.
12. Handcreme. Vor allem im Winter ein MUSS. Wir wissen: Hände verraten vieles über einen Menschen. Oder wie findest Du das, wenn Dir Deine Traumfrau eine ungepflegte Pfote entgegenstreckt?!
13. Handy. Ist Parkschein, Uhrzeit, Kommunikationsmittel in einem.
14. Kondome. Verlass Dich nicht ausschließlich auf die Männer, sonst bist Du verlassen! Und da ich keine Frau kenne, die auf Pilze, Viren und andere

medizinische Auffälligkeiten steht, schleppen wir eben dieses kleine Plastikteil mit uns rum.

15. Schminktäschchen mit folgendem Inhalt: Puder (nimmt den Glanz von unserer T-Zone. T-Zone = Stirn, Nase, Kinn), Lippgloss (= die dezentere Ausgabe des Lippenstifts; sorgt dafür, dass unsere Lippen glänzen, pflegt aber nicht so gut wie ein Lippenpflegestift), Kajal (= ein Stift, mit dem man sich einen Strich rund um die Augen ziehen kann; gibt es in den unterschiedlichsten Farben, die gängigsten sind schwarz und braun), Wimperntusche (sorgt gemeinsam mit dem Kajal für einen ausdrucksstarken Blick), Augenringe-Abdeckstift (damit wir wach aussehen, auch wenn wir kaum geschlafen haben; viele von uns können jedoch schlafen, so viel sie wollen – sie neigen generell zu Augenringen, weshalb dieses Utensil besonders wichtig ist).
16. Haargummi. Eine wilde Mähne sieht zwar schön aus, ist aber manchmal lästig. Hin und wieder ist es ganz nett, ein wenig von der Welt zu sehen!
17. Haarbürste. Nicht für jede Frau ein „Must Have" in der Handtasche. Hängt von der Beschaffenheit des Haares ab, ob man ständig eine dabeihat oder nicht. Besonders bei glatten Haaren, die ungebürstet schnell ungepflegt aussehen, jedoch ein MUSS.
18. Deo. Damit Ihr uns immer gut riechen könnt …
19. Zahnbürste. Zähneputzen ist die kleine Erfrischung zwischendurch. Herrlich! Außerdem sollte man das kleine Detail mit dem Kuss (siehe oben) nicht ganz außer Acht lassen.
20. Zahnpasta. Ohne Zahnpasta verkommt die beste und teuerste Zahnbürste der Welt zur Farce.
21. Ersatzstrümpfe/Strumpfhose. Es gibt wohl kaum etwas Peinlicheres und Unangenehmeres als die berühmte Riesenlaufmasche. Eine Laufmasche – und der Abend ist gelaufen. Klingt vielleicht kindisch, ist aber so!
22. Ersatzkontaktlinsen. Brauchen natürlich nur Kontaktlinsenträgerinnen. Mir ist schon einmal die rechte Linse auf offener Straße aus dem Auge gerutscht und ich hatte keine Ersatzlinse dabei. Was nützt ein Adlerauge, wenn Du am zweiten blind wie ein Maulwurf bist?
23. Ersatzunterwäsche. Hat man natürlich nicht immer in der Tasche. Aber manchmal eben schon. Denn es gibt diese gewissen Abende, an denen alles passieren kann und an denen man nicht so sicher ist, wo man die Nacht ver-

bringen wird. Klingt jetzt schlimmer und schlampenmäßiger, als es ist. Aber: Kluge Frau baut vor!

24. Zeitung/Zeitschrift/Buch. Falls sich der andere verspätet. Einfach nur dazusitzen und Löcher in die Luft zu starren, ist reine Zeitverschwendung.
25. Zigaretten. Brauchen natürlich nur die Raucherinnen unter uns.
26. Feuerzeug. Auch für Nichtraucherinnen durchaus empfehlenswert. Könnte ja sein, dass ein attraktives männliches Wesen nach Feuer fragt!

Eine derartige Grundausstattung ist übertrieben? Irrtum! Man kann nie wissen, was an einem Tag so alles passiert: Das Auto wird vielleicht abgeschleppt, das Wetter schlägt um oder der perfekte Mann steht plötzlich vor Dir. Jeder Tag ist voller Wunder – also sind wir für jede Eventualität gerüstet!

*Deine Daniela*

## *Liebe Dani,*

es gab mal eine Zeit – ich denke, ich war damals noch nicht auf der Welt –, da war die sogenannte „Männerhandtasche" schwer in Mode. Unter schüttelfrostartigem Grausen erzählte mir meine liebe Mutter, wie einst mein seliger Herr Vater (ein Trendsetter aus Berufung) mit diesem Ding, das man locker mit einer Schlaufe um das Handgelenk zu tragen pflegte, nach Hause kam. Ich möchte dazu nur bemerken, wie froh man/Mann sein darf, dass sich mancher Trend niemals wirklich durchsetzt!

Natürlich wäre es weitaus praktischer, all die kleinen Wichtigkeiten des täglichen Bedarfs auch als Herr von Welt in einem schmucken Behältnis bei sich zu tragen, statt sich damit – aufgeteilt auf sämtliche zur Verfügung stehenden Hosen-, Hemd- und Anzugtaschen – die Kleidung zu ruinieren. Und mir persönlich fällt so manches Utensil ein, das wir dadurch zusätzlich transportieren könnten, um jeder Lebenssituation ultimativ gewappnet entgegenzutreten:

So braucht ein jedes Mannsbild stets ein Messer zur Hand! Denn zu schneiden gibt es immer etwas, ob man/Mann nun ab- oder (wie trefflich!) aufschneidet. Des Weiteren hat ein Mann, der auf sich hält, immer ein schmuckes Feuerzeug zur Hand, wobei es nicht von wesentlicher Bedeutung ist, ob er ein Raucher oder Nichtraucher ist. Denn – im Falle einer unangekündigt über die Menschheit hereinbrechenden Eiszeit – einer schönen Maid, die friert, muss man bisweilen auch notfalls mit einem prasselnden Lagerfeuer aus Thonet-Möbeln zur Seite stehen oder auch nur einfach die Tschick entflammen können.

Außerdem braucht es eine dicke Brieftasche, weil Frauen sich angesichts fetter Lederbehältnisse, die zum augenscheinlichen Geld- und Kreditkartentransport dienen, einfach ein wenig sicherer fühlen. Weil Euch neuerdings aber auch ein knackiger Arsch wichtig ist, käme uns linientechnisch das Tragen einer Geldtasche in einer Handtasche sicherlich sehr zupass.

Von all diesen Grundsätzlichkeiten abgesehen sollte ein echter Mann auch sicherlich einen Schlüsselbund samt (schwerem silbernen oder stählernen) Schlüsselanhänger (vorzugsweise das Emblem einer fetten Automarke, die dann selbstverständlich auch in der Garage zu stehen hat) mit sich führen, was sich in einem flotten „Bag“ aus dunkel gegerbtem Leder vermutlich einfacher und bequemer bewerkstelligen ließe. Das neueste Handy kann da auch gleich mit rein, denn solange nicht erwiesen ist, dass uns die in Hosentaschen getragenen Mobiltelefone nicht auf Dauer die Kronjuwelen grillen, wäre diese Transportart ohnehin weitaus vernünftiger. Nicht zu vergessen das obligate Stofftaschentuch, in das man sich natürlich niemals schnäuzt, weil man es sonst nur schwerlich einer weinenden Edeldame zum Troste offerieren könnte.

Du siehst, die Notwendigkeit einer Handtasche für den Mann sehe ich absolut ein, gäbe es bei all den Vorteilen nicht diesen einen wesentlichen und schwerwiegenden Nachteil:

Es sieht einfach unfassbar sch... aus!

Und darum: Nein danke! Und liebe Grüße!

PS: Und weil wir gerade dabei sind ... Wenn Ihr Frauen in der Menüführung Eurer Mobiltelefone einstellt, ob ein unbeantworteter Anruf nach vier-, sechs-, oder achtmaligem Läuten zur Mobilbox

umgeleitet werden soll … BITTE nehmt Letzteres! Denn wir Männer haben es einfach langsam satt, in der Absicht, Euch zu erreichen, stets zwei- bis dreimal bei Euch anrufen zu müssen. Und dies nur, weil Ihr entweder das Handy in der Handtasche nicht hören könnt oder regelmäßig eine Stunde braucht, um es zwischen all dem Zettelwerk aus Rechnungen, Frauenzeitungsartikeln, ungelesenen Liebesbriefen sowie den Lippenstiften, Puderdöschen, Kalendern, Stofftierchen, Cremes und anderem nutzlosen Müll hervorzukramen, den Ihr in Euren Handtaschen ständig mit Euch führt. Merci bien!

*Robert*

# Das große Toiletten-Geheimnis

> *„Ein Mann kann anziehen, was er will – er bleibt doch nur ein Accessoire der Frau."*
>
> *Coco Chanel*

*Lieber Robert,*

warum Frauen immer gemeinsam auf die Toilette gehen? Na, weil die sanitären Anlagen in einem dicht bevölkerten Lokal der einzige ruhige Rückzugsort sind! Aber der Ort für unseren Rückzug spielt ohnehin nur eine sekundäre Rolle, geht es doch bei unseren WC-Aufenthalten vor allem um eines – die ANALYSE.

Was Euch bisher vielleicht verborgen blieb: Jede Frau ist eine große Analytikerin vor dem Herrn. Ich hänge mich sogar noch ein wenig weiter aus dem Fenster und behaupte: Die wahre Waffe einer Frau ist ihr analytisches Geschick. Und so gehen wir vor: Jedes Wort, jede Geste von Euch speichern wir in unseren äußerst aufnahmefähigen Gehirnen ab. Später, auf der Toilette, findet die große Beratungskonferenz statt. Es geht dabei primär um folgende Fragen: Liebt er mich? Ist er der Richtige für mich? Könnte er der Vater meiner Kinder sein? Wie frage ich ihn, ob er verheiratet ist? Wohin führt das Ganze? Du siehst schon: Derart brennende Fragen der Menschheit wollen von allen Seiten gründlichst beleuchtet werden.

Wir analysieren, dechiffrieren, machen Bestandsaufnahmen, entwerfen einen Schlachtplan, besprechen den nächsten Schachzug, reden uns die Situation (manchmal auch den Begleiter, je nach Verzweiflungsgrad) schön und suchen Eure Aussagen nach Doppeldeutigkeiten ab (um im Nachhinein draufzukommen, dass bei einem Mann nur sehr wenig doppeldeutig ist). In manchen Situationen ist die Meinung einer anderen weiblichen Person eben sehr wichtig, wenn nicht sogar unerlässlich. Es ist schließlich nicht so einfach, sich in diesem Dschungel da draußen zurechtzufinden! Aber nicht nur das: Wir brauchen jemanden, der zwischendurch unser Selbstbewusstsein stärkt („Meine Haare sind heute eine Katastrophe." „Nein, nein, das siehst nur DU so, Deine Haare sind perfekt. Findest Du, passen die Schuhe zu meinem Rock?" und so weiter und so fort).

Außerdem wären wir keine richtigen Frauen, wenn uns vor Euch nicht so einiges peinlich wäre. Gewisse Eigenschaften (da Du Dich ja dann und wann verbotenerweise auf Damentoiletten rumtreibst, wie Du einige Kapitel zuvor gestanden hast, weißt Du genau, wovon ich spreche) können wir Euch nicht zumuten (zumindest nicht am Anfang!). Für Euch wollen wir die perfekten Ladies sein.

Seid doch froh über diese kleine Auszeit – so habt Ihr wenigstens die Möglichkeit, in aller Ruhe über UNS zu reden!

*Daniela*

PS: Was besprecht Ihr tatsächlich, während wir auf der Toilette sind???

## *Dani,*

die Frage, warum Frauen immer im Duett aufs WC stürmen müssen, stelle ich mir schon lange nicht mehr. Ich bin vor ewigen Zeiten einmal (aus äußerster Not und in Ermangelung eines freien Herrenklos) auf einer Damentoilette gesessen und musste dabei nicht nur feststellen, wie wenige Frauen sich nach dem Klo die Hände waschen (!), sondern – weitaus schlimmer – vor allem den Gesprächen lauschen, die vor dem großen Schminkspiegel geführt wurden. Also beende ich hier meine Antwort an Dich, Daniela, und schreibe lieber an Euch, ...

## *... liebe Burschen,*

solltet Ihr Euch je wirklich gefragt haben, *warum* Mädels nur zu zweit aufs Klo gehen, hier die Antwort: SIE WOLLEN IN RUHE ÜBER UNS MÄNNER QUATSCHEN! Punkt. Bisweilen gibt es sicher praktisch motivierte Ausnahmen, wie etwa der Austausch sanitärer Hygieneartikel oder das Teilen der Schminkutensilien. Aber für gewöhnlich reden Frauen am WC schlicht und ergreifend über Männer. Und das übrigens auf eine zumeist überraschend und beschämend primitive Art und Weise! Also Worte benutzend, die, am Tisch gewechselt, für ein rasches und nachhaltiges Auflösen selbst großer Gesellschaften sorgen würden.

Vor den Waschbecken der Damentoiletten werden wir Männer verbal dermaßen auseinandergenommen, dass selbst gestandenen Mannsbildern die Tränen kämen, müssten sie mit anhören, wie wenige Meter

von jenem Ort, wo sie gerade die Tischrechnung begleichen oder sich durch das Bestellen einer weiteren Flasche Champagner für die Angebetete finanziell ruinieren, über sie gelästert, geflüstert und abgeurteilt wird.

So schaut's aus, meine Herren.

Besten Gruß,

*Robert Kratky*

PS (an Frau Zeller):

Dani, um Deine Frage von vorhin zu beantworten: Ich will keine Details nennen, denn *Männer verraten einander nicht!* Nur so viel: Wir stehen Euch in nichts nach ...!

Würdet Ihr auch nur im Entferntesten ahnen, wie und was wir über Euch Mädels so reden, sobald Ihr den Tisch verlassen habt ... Ihr würdet in Hinkunft **nie wieder** zu zweit aufs Klo gehen!

# Der Jäger in Euch

> *„Kein Mann, der etwas Rechtes auf der Welt zu tun hat, besitzt Geld und Zeit genug für eine so lange, kostspielige Jagd wie die Jagd auf Frauen."*
>
> *George Bernard Shaw*

*Lieber Robert,*

der Mann und sein Jagdinstinkt. Eine unendliche und manchmal auch unendlich schmerzhafte Geschichte. Männlicher Jäger erblickt wunderschöne Henne mit bunten, glänzenden Federn. Von diesem Zeitpunkt an wird gebaggert, was das Zeug hält. Du hast ja keine Ahnung, wozu Deine Geschlechtsgenossen fähig sind. Wenn Ihr auf der Jagd seid, verschickt Ihr Blumen und die romantischsten und wunderschönsten SMS, fünfzig am Tag. Ihr führt uns in die tollsten Restaurants, kredenzt unseren Lieblingswein, seid charmant, intelligent und dazu auch noch witzig. Wir können in Euren Augen lesen, wie wunderbar und einzigartig Ihr uns findet, Ihr flüstert uns zärtliche Worte ins Ohr, eröffnet Perspektiven, plant gemeinsame Reisen und ein gemeinsames Leben. Ihr findet trotz prallst gefülltem Terminkalender noch Zeit für uns und schleicht Euch aus einem wichtigen Meeting, nur um kurz unsere Stimme zu hören. Ihr vergesst, dass Ihr eine Ehefrau habt und Kinder und einen Hund noch dazu und im Grunde auch keine Lust, dieses bequeme Nestchen irgendwann zu verlassen. Ein einziger Gedanke spukt Euch im Kopf herum: „DIE WILL ICH HABEN." (Die Frau, die bei einem derartigen Programm nicht schwach wird, ist mir bis heute übrigens nicht über den Weg gelaufen.) Wenn Ihr etwas wollt, zieht Ihr alle Register.

Irgendwann kommt der Tag, an dem Ihr unser Herz erobert habt. Wir werfen unsere Zweifel und Ängste über Bord (und leider auch unseren Verstand!) und lassen uns fallen – ohne Sicherheitsnetz. Doch kaum habt Ihr uns eingefangen, die Beute erlegt, die Jagd beendet, verlieren wir für Euch an Glanz. Aus der einst so prachtvollen Henne ist ein nacktes, frierendes Hühnchen mit Liebeskummer geworden. Unsere Federn stecken als Trophäe an Eurem Jägerhut.

Ja, so schnell ändern sich die Dinge: In Euren SMS-Botschaften schickt Ihr uns nun „Grüße" statt „Küsse" und aus „Du bist die Liebe meines Lebens, lass uns gemeinsam durchbrennen" wird „Es ist schön, dass wir uns begegnet sind, aber lass uns doch erst einmal abwarten". Plötzlich seid Ihr sehr beschäftigt, immer total im Stress, habt tausend superwichtige Dinge zu erledigen und immer weniger Zeit für uns. Die großen Worte von damals werden zu Schall und Rauch, die Träume zerplatzen und übrig bleiben ein schaler Nachgeschmack und ein unangenehmes Ziehen in der Herzgegend.

Warum versprecht Ihr uns den Himmel auf Erden und die große Liebe, wenn Ihr in Wirklichkeit nur ein wenig spielen wollt?

*Daniela*

*Daniela,*

ganz einfach: weil es FUNKTIONIERT!

Liebe Grüße,

*Robert*

# ZU toll darf sie auch nicht sein …

> *„Die Männer beteuern immer, sie lieben die innere Schönheit der Frau – komischerweise gucken sie aber ganz woanders hin."*
>
> *Marlene Dietrich*

*Lieber Robert,*

ich kenne unzählig viele wahnsinnig tolle Frauen. Sie sind alle ausgesprochen hübsch, klug, liebenswert, verfügen über Humor und eine gesunde Portion Ehrgeiz, haben gute Jobs und ein geregeltes Einkommen, coole Autos und geschmackvoll eingerichtete Wohnungen. Und: Sie alle sind Single, obwohl sie sich im Grunde nach nichts mehr sehnen als nach der großen Liebe und Nachwuchs. Klingt banal, ist aber so!

Es gibt doch viele Männer, die auf der Suche nach der absoluten Superfrau sind, oder? Schön langsam hege ich den Verdacht, dass Ihr von einem derartigen Luxusmodell nur TRÄUMT, es im echten Leben aber gar nicht ertragen könnt.

Du schüttelst empört den Kopf und willst mir nicht glauben? Nun, ich habe Beweise. Ein Bekannter hat mir vor Kurzem bestätigt, dass er eine 1. Klasse-Frau zwar anziehend findet – als Freundin/Ehefrau möchte er sie aber um nichts in der Welt.

Die Begründung: So eine Frau hat man nicht für sich allein. Ich war sprachlos.

Da bemühen wir uns, die schlanke Figur und die makellose Haut zu erhalten, proben den perfekten Lidstrich, fahnden nach der ultimativen Frisur, bilden uns weiter, kämpfen uns nach oben, um Euch zu imponieren – um am Ende ZU gut für Euch zu sein!?!

(Fürs Protokoll: Wir tun das alles natürlich hauptsächlich für uns selber. Aber es nur für uns selbst zu tun, wird auf die Dauer langweilig!)

Ihr wollt eine super Frau, aber zu super darf sie nicht sein. Sie soll mit beiden Beinen im Leben stehen, aber ZU eigenständig ist ganz verkehrt. Sie muss über einen eigenen Willen verfügen, sollte diesen aber ja nicht zu oft zeigen. Weiblicher Glanz zieht Euch an, aber zu viel von diesem Glanz könnt Ihr nicht verkraften. Ihr wünscht Euch eine Frau, die Ihr „sexuell attraktiv" findet, aber ZU sexy ist anscheinend auch nicht okay.

So manche Frau darf keinen kurzen Rock anziehen, wenn sie ohne ihren Mann ausgeht. Es könnte ja weiß Gott was passieren! Merke: Die wenigsten weiblichen Wesen fallen über fremde Männer her wie wild gewordene Raubkatzen. Und falls doch, spielt die Wahl des Rockes eine eher untergeordnete Rolle. (Kleine Anmerkung am Rande für betroffene Frauen: Ist Ihr Mann einer von dieser besonders eifersüchtigen Sorte, seien Sie achtsam. Er hat höchstwahrscheinlich selbst Dreck am Stecken. Wie der Schelm denkt ...)

Wir sind im 21. Jahrhundert angekommen und dennoch muss ich immer wieder feststellen: Ihr wollt zu Hause den soliden Mittelklassewagen – um in Eurer Freizeit einen Sportwagen Probe zu fahren.

Das ist unfair.

Kleine Frage zwischendurch: Wie stellt sich ein Mann die „perfekte Frau" vor? Mir ist schon klar: Nicht alle Männer sind gleich (zum Glück!). Aber wir brauchen irgendeinen Anhaltspunkt. Also – lass Deinen Gedanken freien Lauf und sei einfach nur ehrlich ...

*Daniela*

## *Liebe Daniela,*

dass eine Frau „zu schön" oder „zu perfekt" sein könnte, halte ich, ehrlich gesagt, für die dumme Ausrede eines Mannes, der seinem Stammtisch zu erklären versucht, warum er bei irgendeiner „Miss Obergurgl" kein

Leiberl gehabt hat. Oder aber es handelt sich um eines jener bedauernswerten zwischenmenschlichen Missverständnisse, denen wir Menschen so gerne auf den Leim gehen, indem wir uns von Äußerlichkeiten über Gebühr beeindrucken lassen.

Es ist nämlich keineswegs so, dass „schön“ gleich „sexy“ ist, im Gegenteil! Das Problem mit den meisten Menschen, die, von der Natur in besonderer Weise beschenkt, außergewöhnlich attraktiv sind, ist folgendermaßen geartet: Ein schöner Mensch braucht sich von frühester Kindheit an kaum mühen. Er oder sie darf sich von der Wiege weg über beinahe uneingeschränkten Zuspruch seiner/ihrer Umwelt erfreuen, wird unter Garantie KlassensprecherIn, bekommt viel leichter einen Job und vor allem: Ein schöner Mensch wird meist von allen begehrt, egal was er im Köpfchen hat. Das bedeutet, er muss sich bei der Partnerwahl niemals besondere Mühe geben, er muss kaum charmant oder witzig sein, er braucht einfach nur faul abzuwarten, was und wen ihm das Schicksal als Nächstes serviert, voilà!

Was dabei natürlich meist auf der Strecke bleibt: die persönliche Entwicklung, und zwar sowohl intellektuell als auch (und vor allem!) sexuell! Wir, die wir vom lieben Gott nicht so großzügig ausgestattet wurden, müssen uns eben ordentlich was einfallen lassen, um zukünftig nicht einsam und allein auf einer Parkbank die Tauben zu vergiften. Feschaks und Megafrauen geraten niemals in diesen Zwang, und wo keine Notwendigkeit besteht, sein Inneres zu entwickeln, seine Kenntnisse und Fähigkeiten zu schärfen und stets am Ball zu bleiben, versauert fast alles, was unter einer noch so hübschen Hülle dem ersten Blick verborgen bleibt.

Meiner bisherigen Erfahrung nach sind besonders schöne Menschen im Leben wie auch im Bett einfach schreckliche Langeweiler! Und dabei ist es ganz egal, ob Mann oder Frau, wiewohl sich meine persönlichen Erfahrungen ausschließlich auf Damen beschränken. Sehr wohl gibt es Ausnahmen, aber die sind so selten, dass man sie am besten sofort heiratet und in eine hübsche Vitrine stellt, um sich auf ewig und drei Tage an diesem Wunder zu ergötzen. Oder Du beginnst angesichts der optischen Sensation, die morgens neben Dir aufwacht, schwere Komplexe zu kultivieren, die Dich irgendwann in den nervlichen Ruin treiben. Natürlich werfen wir, zieht so ein Naturwunder an uns vorüber, gerne einen verträumten (oder bisweilen auch sehnsüchtigen) Blick hinterher, denn wer kann sich schon purer, wahrhaftiger Schönheit entziehen?

Aber die Person, mit der man seinen Lebensabschnitt teilt, muss einfach mehr können, als „nur" gut auszusehen. Denn ein Ferrari ist für ein Sommerwochenende sicherlich eine heiße Sache, aber versuche damit einmal, im Februar nach Obertauern zu fahren, inklusive zweier Koffer plus der Skier! Eben. Es gibt zwar unter uns Gotteskindern sicherlich besonders unattraktive Exemplare („was findet die/der bloß an ihm/ihr?"), aber die meisten Menschen, deren Vorzüge einem ersten Blick verborgen bleiben, halten bei näherem Kennenlernen fast jeder Prüfung stand. Oder wie es der kleine Prinz bei Antoine de Saint-Exupéry so schön formuliert hat: Man sieht nur mit dem Herzen gut.

Was übrigens sicherlich stimmt, ist, wie schon Dein Kumpel so treffend rezitierte, dass Du „eine schöne Frau niemals allein" hast. Aber jene unter uns, die mit einem wirklich feschen Partner liiert sind, haben sich diesen vielleicht auch aus ebendiesem Grunde erwählt: Das gute Aussehen Deiner Begleitung vermag es nämlich oftmals, die eigenen Unzulänglichkeiten zu verschleiern. Darum lässt sich bei einem äußerlich ungleichen Paar häufig ein wenig charmanter Rückschluss auf den Charakter jener Liaison ziehen.

Ich glaube fest daran, dass jeder Mensch über etwas Besonderes verfügt, das ihn attraktiv für andere Menschen macht. Und ich glaube fest daran, dass wahre Schönheit von innen kommt und auch sexuelle Anziehung nicht auf einer guten Optik gründet, sondern auf fantasievollem und abwechslungsreichem Sex. Darum, liebe Daniela, würde ich die Nerven bewahren und mir – an Deiner Stelle – keine Sorgen machen: Die Supermodels und Schönheitsköniginnen dieser Welt erfreuen zwar kurzfristig das Auge, aber selten das Herz.

In verzweifelter Hoffnung, ebenfalls niemals wegen eines fescheren Mannes von meiner hübschen Freundin verlassen zu werden,

*Dein Robert*

*Lieber Robert,*

ja, die Sache mit der Schönheit ist so eine Sache! Ich bin die Frau, der einst von ihrem längst verflossenen – zugegebenermaßen sehr attraktiven – Lebensabschnittsgefährten die Frage gestellt wurde: „Wie ist es eigentlich, mit einem so schönen Mann zusammen zu sein?" Nur so viel: Hätte ich darauf eine Antwort gegeben – sie wäre nicht besonders schmeichelhaft ausgefallen. Trotzdem war dieser Moment eine gute Erfahrung. Seit damals weiß ich INNERE Schönheit noch mehr zu schätzen und höre in dem Fall, dass diese nicht vorhanden ist, ganz laut die Alarmglocken läuten.

Ein schöner Mann ist natürlich eine nette Abwechslung für unsere müden Augen. So wie ein schönes Bild, ein schönes Auto oder ein schönes Abendkleid. Wobei Bild, Auto und Abendkleid den Vorteil haben, dass sie nicht sprechen können. Scherz! Ich will jetzt ganz sicher nicht das Klischee vom dümmlichen Schönling bemühen. Sprechen wir lieber vom eitlen Schönling! Das Problem am schönen Mann ist nämlich nicht seine Schönheit an sich, sondern dass er sich der Tatsache, ein hübsches Kerlchen zu sein, in den meisten Fällen nur allzu sehr bewusst ist. Schlimmer als ein Mann, der im Badezimmer länger braucht als man selbst, ist nur ein Mann, der ein Badezimmer nur ganz selten von innen sieht. Ein Mann mit Frisur ist eine Katastrophe, ein Mann, der seine Haare STYLT, schon fast nicht mehr akzeptabel. Schönes Haar am Kopf reicht nicht – hauptsächlich kommt es darauf an, was IM Kopf ist! Kluge Gedanken, Witz und eine gute Art bieten jedem Waschbrettbauch dieser Welt Paroli.

Welche halbwegs intelligente Frau will schon einen Mann, dessen Gedanken sich beinahe ausschließlich um seinen Body-Mass-Index und den perfekt geformten Bizeps drehen? Nein, nein – dann schon lieber einen Glatzkopf mit leichtem Bauchansatz! Schöne Männer sind was fürs Auge, aber meistens nichts fürs Leben.

Was, bitte sehr, ist so toll an einem Mann, der von sich selbst denkt, er wäre der Allergrößte, nur weil die Spiegelbeleuchtung im Badezimmer seine Backenknochen optimal betont und er immer wieder auf seine Ähnlichkeit mit Tom Cruise angesprochen wird?! Ein schöner Mann hält auf den zweiten Blick meistens nicht, was er auf den ersten versprochen hat. Außerdem: Irgendwann gewöhnt man sich an alles, auch an das Erlebnis, morgens neben einem wahren Wunder der Natur aufzuwachen.

Nur der Vollständigkeit halber: Natürlich gibt es die berühmten Ausnahmen, deren innere Schönheit mit der äußeren durchaus mithalten kann (Brad Pitt ist vermutlich ein derartiges Exemplar …), aber sie sind selten und auch kein echtes MUSS. Zum Glück sind die meisten von Euch rein optisch ohnehin irgendwo zwischen Mr. Supermodel und dem Schreckgespenst in der Geisterbahn angesiedelt.

*Daniela*

# Mr. Perfect, wie wir ihn uns vorstellen …

> *„Als Mann steht man ja jetzt – und den Österreichern wird's in 20 Jahren genauso gehen – immer mehr auf dem optischen Prüfstand. Jahrelang hat's ja genügt, dass wir superintelligent sind, schwerreich und den Weibern sagen, wo's langgeht. Mittlerweile müssen wir auch echt Brad Pitt-artig aussehen."*
>
> *Harald Schmidt*

*Lieber Robert,*

wie der perfekte Mann aussieht? Nun –

EIN MANN, WIE WIR IHN UNS VORSTELLEN,

… kann zuhören – und ergreift genau im richtigen Moment das richtige Wort.

… interessiert sich für unsere Gedanken – und lässt uns dennoch kleine Geheimnisse.

… ist mit uns seelenverwandt – und trotzdem nicht enttäuscht, wenn wir einmal nicht seiner Meinung sind.

… nimmt uns in stürmischen Zeiten in die Arme – und öffnet diese dann wieder, um uns weiterfliegen zu lassen.

… steht hinter uns – und traut uns zu, es auch allein zu schaffen.

… hinterfragt, was wir tun – und stellt uns als Person nicht ständig in Frage.

… liebt uns, so wie wir sind – und hilft uns über das hinweg, was wir niemals sein werden.

… gibt uns Halt – und lässt uns fühlen, dass echte Liebe freier macht.

… bringt unsere besten Seiten zum Vorschein – und kann auch mit den nicht so tollen umgehen.

… hat in seinem Leben mehr als drei Bücher gelesen – und neben all der intellektuellen Bildung auch auf seine Herzensbildung nicht vergessen.

… macht im Scheinwerferlicht eine gute Figur – und kann es verkraften, wenn die Lichter einmal nicht auf ihn gerichtet sind.

... schweigt nicht, weil er nichts zu sagen hat, sondern weil er weiß, dass wir hin und wieder auch mal Ruhe brauchen – und lässt uns vergessen, dass wir gerade lieber in Ruhe gelassen werden würden, weil das, was er sagt, es wert ist, gehört zu werden.

... gibt uns das Gefühl, ein liebenswerter, schöner, aufregender, begehrenswerter und einzigartiger Mensch zu sein – und versucht nicht, uns den Glanz zu nehmen.

... sagt, dass er es nicht weiter schlimm findet, wenn wir einmal zwei Kilo mehr wiegen – und meint das auch so.

... lebt ein selbstreflektiertes Leben – und verfügt über einen Wahrnehmungsradius, der über sein Ego hinausgeht.

... lädt uns zum Essen ein – und verlangt dafür keine Gegenleistung.

... hat viele Talente – und weist nicht ständig darauf hin.

… ist eine Konstante in unserem Leben – und schafft es doch, uns immer wieder zu überraschen.
… weiß, dass die kleinen Wunder oft die größten sind – und ist selbst für uns das allergrößte.
… hat erkannt, dass Glück wenig mit Sicherheit und viel mit Lebendigkeit zu tun hat – und lässt uns auch mal frei, damit wir danach wieder zu ihm zurückkommen können.
… sieht gut aus – und weiß es nicht.
… sagt, dass es für ihn in diesem Moment nichts Schöneres auf der Welt gibt, als mit uns zusammen zu sein – und hält an dieser Meinung auch dann noch fest, wenn sein bester Freund anruft, um ihn auf ein Bier einzuladen.
… gibt zu, dass er uns braucht – und lässt uns an seiner Seite genügend Luft zum Atmen.
… stellt fest, dass wir schon wieder viel zu viel Geld für Klamotten ausgegeben haben – und spart sich seinen Kommentar.
… weiß, dass er auch ohne uns leben könnte – und will es nicht.
… ist stark – und manchmal zarter als wir selber.
… strebt nicht nach Macht – und wird dennoch immer zu den ganz Großen gehören.
… möchte der Beste sein – und kann gut damit leben, wenn ein anderer etwas besser kann als er.
… verfügt über eine große Portion Kreativität – und weiß auch, wie man einen Nagel in die Wand schlägt.
… achtet auf seinen Körper – und ist sich der Tatsache bewusst, dass ein Waschbrettbauch zwar ganz nett, aber nicht alles im Leben ist.
… ist selbstbewusst – und findet sich dennoch nicht unwiderstehlich.
… ist oft ganz und gar nicht unserer Meinung – und respektiert uns daher umso mehr.
… hat Spaß am Leben – und legt gleichzeitig eine gewisse Ernsthaftigkeit an den Tag.
… verfügt über Leichtigkeit – und über genauso viel Tiefgang.
… weiß, dass ihm der liebe Gott zum Denken auch ein Hirn gegeben hat – und benützt es.
… muss nicht unbedingt jeden Tag Sex haben (weil er nämlich andere Dinge genauso spannend findet) – und hat nichts dagegen, wenn WIR das phasenweise wollen.

… bringt uns dazu, unseren gewohnten Weg hin und wieder zu verlassen – und zwingt uns nicht, jemand zu sein, der wir in Wirklichkeit gar nicht sind.
… ist ein männlicher Mann – und dabei vor allem eines: ein großer Mensch.
… hat den Kopf mal in den Wolken und dann wieder nicht – und die Beine dabei immer fest am Boden.
… kann uns so oft nicht verstehen – und versucht es doch immer wieder aufs Neue.
… ist Realist – und glaubt genau aus diesem Grund an Wunder.
… ist ein Träumer – und verfolgt daher konsequent seine Ziele.
… inspiriert uns – und zwängt uns niemals seinen Willen auf.
… sorgt sich um sein Äußeres – und zwar nicht mehr, als wir uns um unseres kümmern!
… weiß, wann es Zeit ist, zu gehen – und kommt im richtigen Augenblick zurück.
… betrachtet die Schattenseiten des Lebens als Aufgabe – und die Sonnenseiten nicht als Selbstverständlichkeit.
… kann mit unseren Schwächen leben – und mit unseren Stärken auch.

*Daniela*

*Daniela,*

die perfekte Frau ist: hübsch, treu, lustig, verständnisvoll, kennt sexuell kaum Tabus und ist so charmant wie clever.

Sie lässt einen Mann Mann sein, spielt ihm gerne das komplette Sortiment – von Geliebter über Diva bis hin zu Mama – vor; und ist außerdem ein Kumpel.

Und sie schreibt definitiv keine mehrseitigen Listen, wie sie ihren Mann haben will …

Liebe Grüße,

*Robert*

# „Schön, dass Sie Ihre Tochter mitgenommen haben!"

> *„Nichts hält einen Mann so rüstig wie eine junge Frau und alte Feinde."*
>
> *Henry Miller*

*Lieber Robert,*

es ist schon spät, ich liege im Bett und denke an Dich. Besser gesagt: an Deine Worte. Meinst Du es wirklich ernst, wenn Du behauptest, dass Du mit sechzig eine knackige Fünfundzwanzigjährige als Freundin haben wirst? Ich fürchte: JA.

Ist es nur ein dummes Klischee, oder brauchen (wollen) alte Männer tatsächlich junge Frauen? Was ist so toll daran, nur wegen seines Geldes geliebt, gemocht, geschätzt, ertragen zu werden?

Stell Dir vor, Du bist ein honoriger älterer Herr, der in seinem Leben vieles erreicht und so einiges erlebt hat – Du bist, wie man so schön sagt, „im Spätsommer des Lebens" angekommen. Dein Haar ist grau (falls überhaupt noch vorhanden), Dein Bauch relativ voluminös, Deine Haut wirft Falten, die Augen wollen nicht mehr so recht, aber im Großen und Ganzen bist Du zufrieden und noch immer durchaus funktionstüchtig (ja, genau DIE Art von Funktionstüchtigkeit meine ich!). Dein Bankkonto ist gut gefüllt und nun hättest Du Dir ein wenig Ruhe verdient. ABER: Dein für Dich immer noch wichtigstes Körperteil macht Dir einen Strich durch die Rechnung. Du wirst hibbelig und kribbelig, hörst das Testosteron in Deinen alten Ohren rauschen und angelst Dir eine junge Superhäsin. Auf einmal weißt Du es wieder: Du bist der Größte.

Im Liebesrausch schleppst Du Deine alten Knochen in jedes einzelne Schuhgeschäft der Stadt. Du kaufst Dir ein Auto, in dem Du Dich jung fühlst, aber älter aussiehst, als Du tatsächlich bist. Du kommst schnell außer Atem – es ist nicht einfach, mit ihrem Tempo mitzuhalten – und fürchtest ständig, Du könntest sie langweilen. Also läufst Du mit heraushängender Zunge neben ihr her, liest ihr jeden Wunsch von den Augen ab, lässt die Kreditkarte glühen, hältst Diät und beginnst, Sport zu treiben.

Während Superhäsin mit der Planung des nächsten Urlaubs beschäftigt ist – die Seychellen würden ihr gefallen –, denkst Du über Deine bevorstehende Bypassoperation nach. Besuchst Du mit ihr eine Vernissage, freut sich der Gastgeber, dass Du Deine Tochter mitgebracht hast. Im gleichen Tempo wie ihr Vorrat an Gucci-Kleidern steigt Dein Cholesterinspiegel. Du zwängst Deinen langsam erschlaffenden Luxuskörper in viel zu bunte Kleidung und besuchst am Sonntag die Eltern Deiner Freundin zum Kaffee. Die beiden kennst Du aus Deiner Schulzeit – sie waren drei Klassen unter Dir. Superhäsin schreibt sich ins Fitnessstudio ein, Du berätst Dich mit dem Anwalt über Dein Testament. Mittlerweile wäre Dir wieder einmal nach einem schönen Glas Wein samt gepflegter Konversation in Deinem stilvollen Wohnzimmer, stattdessen lehnst Du an der Bar des angesagtesten Klubs der Stadt und nippst an einem Drink, den Dein Magen gar nicht mehr so recht vertragen will. Niemand unterhält sich mit Dir, bis Du die nächste Flasche Champagner orderst.

Du redest Dir ein, dass Du immer noch ein toller Hecht bist und der Beste im Bett sowieso (trotzdem hast Du stets ein Päckchen Viagra dabei – nur zur Sicherheit!). Beim Blick in ihre Augen siehst Du jedoch nicht Verlangen, sondern Milde. Und dann die Ernüchterung: Auch Deine junge Freundin ist irgendwann über dreißig. Möchte geheiratet werden und ein Kind, und Du stellst fest, dass Du das alles schon von irgendwoher kennst und müde geworden bist. Robert, eventuell solltest Du diesen Traum noch einmal überdenken, bis zu Deinem 60. Geburtstag sind es ja zum Glück noch ein paar Jährchen …

Aber es könnte natürlich auch sein, dass ich mich irre. Vielleicht sitzt Du in dreißig Jahren gerade mit Deiner jugendlichen Superhäsin glücklich an irgendeiner schicken Bar, als plötzlich ICH auftauche. Im Schlepptau ein süßer Fünfunddreißigjähriger mit schwarz gelocktem, vollem Haar, Waschbrettbauch und dynamischem Gang. Nein, dieser Schönling ist nicht mein Sohn, sondern mein neuer Superlover. Was sagst Du dann?

*Daniela*

## *Ach, Daniela,*

wie sehr es mich doch ehrt und freut, wenn eine schöne junge Frau wie Du allein im Bett liegt und an mich denkt. Und wie sehr es mich doch schmerzt, solchen Gedanken folgen zu müssen: Gedanken, die einem Bereich der Emanzipation entspringen, der definitiv wider die natürliche Ordnung ist und sich allen Regeln des Erdenrunds entzieht.

Also von Anfang an (und ja, so einfach ist es): Als der natürliche Feind des Menschen nicht das Finanzamt, sondern noch der Säbelzahntiger war, galten für unsere aufrechten Vorfahren noch sehr simple Vorgaben. Die Frau gebar die Kinder und kümmerte sich um deren liebevolle Aufzucht. Der Mann war der Jäger, der die Familie zu versorgen hatte, zumindest so lange, bis der Nachwuchs seine Höhlen und Hütten hinter sich lassen konnte. Nebst der lebensgefährlichen Jagd nach Beute und der Verköstigung der Nachkommen war es außerdem die vorrangige Aufgabe der Lendenschurzträger, dem reichhaltigen Angebot fruchtbarer Weibchen zur Zucht zu dienen, sich also möglichst vielfältig um den Fortbestand der Art zu kümmern. Da das Gebären damals (wie auch heutzutage) sehr anstrengend war, hat Mutter Natur eine geniale Lösung für die Geschlechter ersonnen. Ähnlich wie bei den meisten Tieren, hat ein Weibchen nur eine gewisse Jahrzahl Fruchtbarkeit zur Verfügung, während das Männchen bis ins hohe Alter seinen Zeugungsaufgaben nachkommen kann. Ich weiß, das klingt jetzt furchtbar hart, aber so wie es aussieht, hat der liebe Gott (oder wer auch immer) für die Artenvielfalt dieses Planeten Folgendes vorgesehen: Der Mann rammelt (zum Fortbestand der Menschen), so viel er kann und so oft er kann. Die Frau hingegen ... tut das nicht beziehungsweise nur bis zu einem gewissen Alter. Soweit die biologischen Hintergründe.

Nun hat aber die Evolution auch die Bedürfnisse der Menschen nicht unberührt gelassen. Sex ist schon lange kein Akt reiner Fortpflanzung mehr und der Spaß daran ist – sieht man vom weltfremden Wunschdenken diverser Kirchen einmal ab – gleichsam ein Menschenrecht geworden, das sowohl für die Mädels als auch für die Burschen gelten sollte. Und ja, sicherlich ist es für beide Geschlechter wünschenswert, bis ins hohe Alter sexuell aktiv bleiben zu dürfen! Und nein, solltest Du mir einstmals tatsächlich mit Deinem „jungen, knackigen Lover" meinen Platz an der Bar streitig machen, so will ich Dir dies von Herzen gönnen und mich vorbehaltlos für Dich freuen. Aber, meine Liebe, allein die Androhung dieser künftigen Begegnung offenbart ja völlig klar den Vater (oder in diesem Fall eher: die Mutter) Deines Gedankens: Auch Du hättest später eigentlich viel lieber einen jungen, hübschen Liebhaber als einen alten, kahlen Knacker. Nur ist das halt für Euch nicht so einfach, oder? Wir sprechen hier über eine Tatsache, mit der auch ich mich kaum abfinden könnte, wäre ich ein weibliches Wesen: Nämlich dass wir Männer auch im hohen Alter, selbst vielleicht schon schwer verwittert, noch junge, sexuell attraktive Damen auftreiben können, während es keineswegs die Regel ist, dass Frauen jenseits der „Grauzone" ihrerseits mit jungen Stechern um die Häuser ziehen. Die Gründe dafür sind so einfach wie traurig (für Euch):

1.) Die Biologie, liebe Daniela, die Biologie! Wie oben erwähnt, haben sich Frauen seit unserem Auszug aus dem Neandertal sicherlich anders, ja vielleicht sogar weiter entwickelt als Männer. Wir wollen immer noch jagen, haben ein schweres Problem mit dem Höhlenhocken und streben danach, durch „Befruchtung" möglichst vieler, unterschiedlicher

Weibchen, die uns zugedachte Aufgabe zu erfüllen. Da dies schon unser primärer Auftrag war, als wir uns noch grunzend von Baum zu Baum schwangen, fällt es uns bis heute schwer, diesem Ruf der Natur nicht zu folgen, nur weil es den Mädels mittlerweile nicht mehr sittsam erscheint!

Ein Mann ist definitiv nicht hundertprozentig treu. Nicht, weil er es nicht will (es soll ja auch einige seltene Ausnahmen geben), sondern weil er es – gattungsbedingt – einfach nicht kann! So bitter das in einem modernen Beziehungsgefüge für jene sein mag, die auf der Hälfte des ehelichen Vermögens – immerhin, aber dennoch allein – zurückgelassen werden, weil sich das Männchen wieder auf der Balz befindet: Es ist ein Naturgesetz, dass wir tun, was wir tun müssen, solange wir es tun können. Es übrigens nicht mehr zu können, hieße für einen Mann, seine Daseinsberechtigung verwirkt zu haben. Nächste Station: die Grube! Weshalb die praktische Ausführung der natürlichen Triebe bis zu unserem Ende eine Primäraufgabe darstellt, der sich kaum ein Männchen entziehen kann.

Und davon abgesehen, damit wären wir schon bei 2.), macht es uns ein sehr spezieller Umstand auch über alle Maßen leicht, als flotter Sechziger noch mal dem Jungwild nachzustellen: Nämlich jener, dass es schlicht und ergreifend funktioniert!

Ich bin ja keineswegs der Auffassung, dass ein kahlköpfiger, dickbauchiger Multimillionär etwa sehr sexy wäre. Oder attraktiver als eine grauhaarige, fettleibige MultimillionärIN! Aber die Auswahl an jungen, feschen Girls, die zugunsten monetärer Vorteile über einen laschen, alternden Männerkörper hinwegsehen, ist de facto einfach riesig. Besonders im Vergleich mit jenen jungen, feschen Burschen, die es gerne mal mit einer Pensionistin treiben würden.

Du solltest Dich also weniger fragen, warum alte Herren junge Damen begehren, sondern warum so viele junge Damen so gerne mit alten Herren zugange sind. Während dies übrigens umgekehrt keineswegs so ist. Vielleicht, weil eine Frau mit dem Herzen liebt und ein Mann meist mehr mit … den Augen? Auch hierfür fänden sich die Ursprünge dieser Umstände sicherlich an den Ausgrabungsstätten der Archäologen, darum lassen wir es lieber bei der bloßen Feststellung bewenden. Denn führten wir die Analyse der Gegebenheiten zu weit, könnte man auch entdecken, dass junge Männer einfach weniger leicht „käuflich“ sind als junge Frauen … brrr … nicht auszudenken, wenn wir Mannsbilder einmal nicht die Bösen wären, sondern nur willige Opfer kaltblütiger Blondinen! Also sagen wir einfach: Es ist, wie es ist. Und das ist leider auch durch noch so nachhaltige Emanzipation nicht wettzumachen.

Aber nur keinen Neid, liebe Daniela: Dafür bringen uns ja die von Dir beschriebenen Anstrengungen um junges Gemüse auch nachweisbar früher ins Grab. Womit der Weg dann auch frei wäre … für Dich und Deinen jungen, geilen Typen! Viel Spaß an der Bar! Und vergiss nicht zu zahlen, denn (und das wird für Dich dann eine sehr bittere Überraschung, während wir Männer mit dieser Tatsache zu leben gelernt haben) der heiße Hengst liebt nicht Dich und Deinen – dann ebenfalls nicht mehr taufrischen – Körper, sondern ausschließlich wie ausgiebig: Deine Kreditkarte.

Warum sollte es Euch anders gehen als uns?

PS: Es ist mir übrigens wirklich gleichgültig, wenn ein junges Fräulein, welches sich in ferner Zukunft meiner Einsamkeit annimmt, mehr an meinem Haus, meinem Wagen und meinen pekuniären Möglichkeiten interessiert ist als an meinem guten Charakter oder meinem Hängearsch. Da auch mich bei einer solchen Beziehung weniger ihr gutes Herz interessiert, träfen in diesem Falle nämlich ausschließlich zwei äußerst simple Äußerlichkeiten aufeinander: ihre Schönheit … und mein Geld. Na, wenn das nicht gut zusammenpasst!?

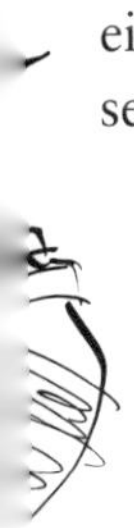

*Robert*

# „Wenn ich sterben muss ...!“

> *„Die Stärke einer Frau impliziert nicht automatisch die Schwäche eines Mannes.“*
>
> *Iris Berben*

*Lieber Robert,*

je länger ich über Dich und Deine Geschlechtsgenossen nachdenke, desto mehr wundere ich mich.

Warum habt Ihr zum Beispiel panische Angst vor Arztbesuchen? Ihr seid doch an und für sich tapfere Kerle, die nichts schrecken kann. Ihr befreit unsere Wohnungen von den größten Insekten, legt in Extremsituationen Schneeketten an und würdet sogar Drachen töten, wenn es welche gäbe. Aber zum Arzt geht Ihr nicht. Einer meiner Ex-Lebensabschnittsgefährten legte größten Wert auf sein äußeres Erscheinungsbild. Er verbrachte mehr Zeit vor dem Spiegel als ich und weigerte sich, ohne den (seiner Meinung nach) perfekten Gürtel das Haus zu verlassen – aber um seinen Zahnarzt machte er einen weiten Bogen. Auch bei Zahnschmerzen, wohlgemerkt. Schon beim Anblick des Bohrers wurde er beinahe ohnmächtig. (An dieser Stelle ein kleiner Dank an Mutter Natur: Dass wir Frauen die Kinder kriegen, hast Du geschickt eingerichtet!!)

Mein guter Freund H. lebt gar nach dem Motto: „Wenn ich sterben muss, werde ich es schon früh genug erfahren." Faszinierend. Man könnte glatt auf die Knie sinken vor so viel Gelassenheit. Tun wir aber nicht, denn: Bis es (das vitale Finale) so weit ist, haben WIR Euch am Hals – höflicher ausgedrückt: zu Hause liegen. Mit Schnupfen, Erkältung, leichtem Fieber, Kopfschmerzen, Magen-Darm-Grippe. Ihr fühlt Euch schwach und schwindlig, leidet und seid furchtbar arm, braucht unsere ganze Aufmerksamkeit und Zuneigung (die wir Euch in einer derartigen Extremsituation selbstverständlich gern zuteil werden lassen!). Und so kochen wir für Euch Hühnersuppe, sorgen dafür, dass Ihr auch genug trinkt, und wiegen Euch in den Schlaf. Wir sitzen an Eurem Krankenbett, halten Euch das fiebrige Händchen und denken gemeinsam mit Euch darüber nach, ob es denn jetzt schon SO WEIT (siehe oben) ist. Ihr beginnt, über Euer Leben zu sinnieren, bekommt feuchte Augen und werdet ganz schön sentimental. Kurz: Das dicke Ende scheint nah.

Ich habe in den letzten Jahren den Eindruck gewonnen, dass Ihr vom „gehätschelt und getätschelt Werden" noch viel, viel kranker werdet. Ein Phänomen. Erst eine gewisse Frage lässt Eure Lebensgeister wieder erwachen: „Ist es so schlimm, dass ich den Arzt rufen soll?" Nach einer kurzen Schrecksekunde, in der Ihr um drei weitere Nuancen erblasst, werdet Ihr plötzlich quicklebendig, streckt die Beine unter der Bettdecke hervor, setzt Euch auf, trinkt mit einem triumphalen Zug Eure Teetasse leer und schickt den Sensenmann mit folgenden Worten in die Wüste: „Ich fühle mich schon viel besser, ich gehe jetzt kurz duschen!"

Ganz ehrlich, auch wenn wir offiziell anderer Meinung sein müssen: So ein kranker Mann hat schon was. Ihr seid so süß, wenn Ihr hilflos in Euren Betten liegt. So sensibel und so dankbar. Streichelzart, wie in Weichspüler gebadet. Genau das öffnet unsere Herzen – der Mutterinstinkt hat uns schwer im Griff. Ihr seid Euch dieser Tatsache natürlich absolut bewusst und nützt unsere Gefühle schamlos aus. Aber das ist okay. Hin und wieder dürft Ihr ruhig ein wenig abhängig von uns sein. Und einmal müssen wir uns nicht fragen, wo Ihr Euch schon wieder rumtreibt.

*Daniela*

## *Liebe Daniela,*

das männliche Universum verfügt – gottlob! – nicht annähernd über solch komplexe Gedankensysteme wie das weibliche. Die meisten Männer-Angelegenheiten lassen sich nämlich durch das einfache wie effektive Ja-Nein-Prinzip entscheiden. Ob uns zum Beispiel eine Frau interessiert, klären wir unwillkürlich in Bruchteilen von Sekunden durch die klare Entscheidungsfindung des unbewussten Denkens. Ein „vielleicht" kennen wir nur vom Hörensagen und meist nur von Frauen, die uns damit nachhaltig zu fesseln vermögen, da wir ein Projekt ja erst dann starten oder fallen lassen, wenn wir eine klare Aussage zu treffen in der Lage sind. Es ist wahrlich „typisch Mann", lieber einen schweren Fehler zu riskieren, als eine Entscheidung – egal zu welcher Lebenslage – auch nur annähernd so intensiv zu überdenken, wie Ihr Frauen das tut.

Und so, wie wir einst für Kaiserin und Vaterland entweder leben ODER sterben durften, so, wie wir auf einen beleidigenden Untergriff eines Geschlechtsgenossen entweder sofort zuschlagen ODER uns leise aus der Bar schleichen, hat sich das männliche Erfassungsvermögen niemals solcherart entwickelt, um im Falle grundsätzlicher Entscheidungen lange zu fackeln: Liegen wir also mit einer (zumeist sehr schweren, nur unter Schmerzen zu ertragenden) Krankheit danieder, so konfrontiert uns das mit einer Ur-Situation, die sich im Laufe der Menschheitsgeschichte tief in die männlichen Gene eingebrannt hat. Ja, selbst die wenigen unter uns, deren Doktortitel von einer medizinischen Fakultät

verliehen wurden, leiden angesichts einer körperlichen Erkrankung wider besseres Wissen unter den gelernten Mechanismen des Mann-Seins: Es gibt kein „vielleicht“, sondern nur „entweder – oder“! Entweder ich überlebe diesen Schnupfen oder ich muss daran jämmerlich zugrunde gehen. Entweder ich werde das Fieber niederkämpfen oder das Bett in Brand setzen und sterben.

Was ein echter Mann ist, zieht die Möglichkeit, eine Situation mit seinem Leben zu bezahlen, nämlich zu jeder Zeit in Betracht. (Wozu also einen Arzt rufen? Der Krieger in uns braucht keinen Weißkittel, der uns erzählt, was wir ohnehin wissen: Entweder wir überleben oder wir kratzen ab! Dazwischen gibt es ohnehin nichts außer den Krankenkassen!) Und was Ihr Frauen, die Ihr dabei glücklich auch ein wenig unsere Muttis sein dürft, einfach niemals erkennen könnt: Dass das schwitzende, wimmernde Häuflein Elend, das da seinen Tee schlürft, körperlich vielleicht nur gegen einen simplen, grippalen Infekt kämpft ... im Herzen aber – mit dem Schwert in der Hand – stets gegen die Möglichkeit eines viel zu frühen Todes antritt!

Ich bitte Euch also nachhaltig um ein wenig mehr Respekt: Denn vor Euch liegt keineswegs ein Jammerlappen, sondern meist (und für Euch gänzlich unsichtbar): ein wahrer Held!

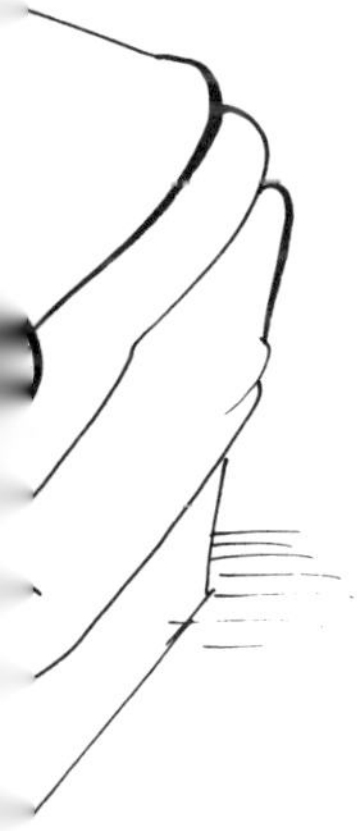

Außerdem sind wir Männer ein bisserl wehleidig.

*Robert*

# Perspektiven

> *„Nur wenn jemand eine Vision von der Zukunft hat, hält er durch – auch in der Not."*
>
> *Viktor Emil Frankl*

*Lieber Robert,*

ich denke, wir (Frauen und Männer) haben mittlerweile einiges übereinander gelernt. Kleiner Test zwischendurch: Wie gut kennst Du uns wirklich?

Eine wahre Geschichte: Meine Freundin L. hat mich heute völlig aus dem Häuschen angerufen – ein echter Traumprinz ist in ihr Leben getreten. Er hat sie auf der Straße angesprochen und ganz spontan auf ein Glas Wein eingeladen – und ganz spontan ist sie mitgegangen. Die Verliebtheit hat eingeschlagen wie der Blitz und der Abend endete mit vielen Küssen vor ihrer Haustür. Der Mann – ein wahres Wunder: intelligent, charmant, gut aussehend, weltoffen, zuvorkommend, wohlhabend – und gut küssen kann er auch. Schon bis hierher ist das Ganze fast zu schön, um wahr zu sein, aber die Geschichte geht noch weiter. Der nächste Tag: Blumen und ein Brief (ein echter Gentleman!). Name, Adresse, Handynummer und die Worte: „Danke für den wunderschönen Abend – bis morgen!"

Frage:
Über welches Detail hat sich meine Freundin am meisten gefreut?

a) über seine Intelligenz,
b) seinen Charme,
c) seine liebestechnischen Fähigkeiten,
d) über den Umstand, dass er Geld hat,
e) die Blumen?

Auflösung: a) bis e): falsch.

Die richtige Antwort lautet: f) – seine Worte „bis morgen". Und weißt Du, warum? Wir lieben Perspektiven. Was nützt ein guter Moment, wenn er nicht die Chance auf Wiederholung hat? Eine Beziehung ohne Perspektive ist wie ein letzter Urlaubstag. Man ist glücklich über das gerade Erlebte, aber traurig, dass es schon wieder vorbei ist und vielleicht nie mehr wieder kommt. Eine Liebe, die sich nicht weiterentwickelt, ist zermürbend. „Was geschieht danach?", „Wo soll das hinführen?" sind die zentralen Fragen.

Vielleicht denken wir deshalb an Hochzeit, Kinder, Zusammenziehen – an ein gemeinsames Leben. Auch wenn das alles am Ende gar nicht stattfindet, weil sich die Liebe irgendwo zwischen erstem Kuss und Verlobung verliert – es war schön, zumindest davon geträumt zu haben!

## *Liebe Daniela,*

mir tut Deine Freundin jetzt schon leid. Denn wie es aussieht, ist sie unter vollen Segeln in die sogenannte „Gentleman-Falle" gefahren, ein gefährliches Gewässer voller böser, großer, scharf bezahnter Fische und hinterhältiger Untiefen. Rechnet man statistisch, ist die Wahrscheinlichkeit, als Frau einen so liebevollen, entzückenden, zuvorkommenden Kerl zu treffen, nämlich so gering wie jene, als Mann seine Ehefrau zu überleben.

Ehrlich formuliert, macht mich derartige Blauäugigkeit sogar ein wenig ängstlich: Wie wollt Ihr Frauen denn je die Weltherrschaft übernehmen, wenn selbst die Abgeklärten unter Euch immer und immer wieder auf dieselben alten Tricks hereinfallen? Intelligent, charmant, gut aussehend, weltoffen, zuvorkommend, wohlhabend – und gut küssen kann er auch? Und solo ist er obendrein?

Ich sag' Dir jetzt mal was: Da er wohlhabend ist, handelt es sich bei dem Traummann mit großer Sicherheit um einen „Selfmademan", also einen Macher, der sich sein Vermögen, seine soziale Stellung und einen Großteil seines Lebens selbst erarbeitet hat. (Da ihn Deine Freundin als charmant und zuvorkommend beschreibt, ist kaum anzunehmen, dass er seine Pinke nur geerbt hat, die „hauptberuflichen Söhne" dieser Welt sind nämlich meistens unausstehlich.)

Gehen wir also davon aus, dass es der junge Mann nicht nur gewohnt ist, um seine Ziele zu kämpfen – denn das darf man bei

BIS MORGEN!
BIS MORGEN!
BIS MORGEN!

einem Menschen dieser Bauart definitiv annehmen –, sondern diese auch zu erreichen, so war sein „bis morgen“ KEINESFALLS die Andeutung einer „Perspektive“. Es war einzig und allein das Versprechen, nicht eher locker zu lassen, bis er Deine arme kleine Freundin durchs Bett geschleppt hat, um ihr danach (ganz sicher etwas weniger charmant) die Tür zu weisen! Denn eines ist sicher: Männer, die nach dem Prinzip „Zielerfassung-Zielerfüllung“ arbeiten, stellen auch ihr Verhalten in Balz- und Beziehungsfragen unter dieses Motto.

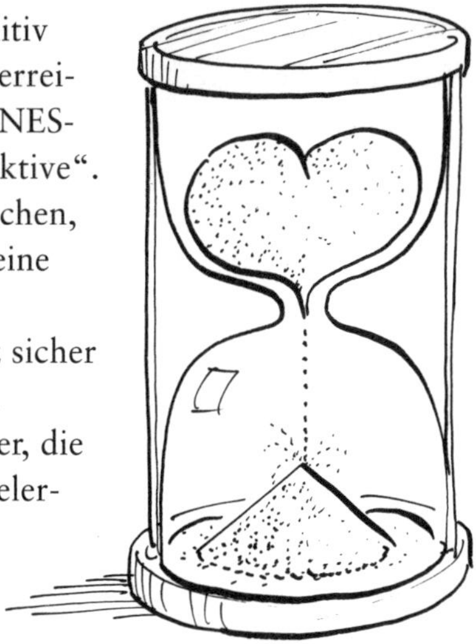

So viel dazu. Und schönen Gruß an Deine Geschlechtsgenossin:

Die „Gentleman-Masche“ ist durch die Dümmlichkeit der meisten Alternativen am Aufriss-Sektor zurzeit einfach wieder schwer in Mode gekommen. Und: Sie funktioniert meist prächtig, wie man sieht.

Was das Thema „Perspektive“ generell angeht, nun, das ist sicher einer der Dreh- und Angelpunkte der zwischenmenschlichen Beziehungsproblematik. Ich habe zum Beispiel mit großer Verwunderung an mir selbst beobachten dürfen, dass auch ein Mann sich durchaus nach Begriffen wie Zukunft und Perspektive sehnen kann. Allerdings nur, wenn er an eine dieser Frauen vom Typ „eiskalte Diva“ gerät, die ihm von Anfang bis Ende der fröstelnden Beziehungskiste jegliche Wärme und Geborgenheit versagt. Da ein Mann immer das haben will, was er nicht kriegen kann, ergibt sich bisweilen – zugegeben selten – der gegenteilige Fall: Mann will Nest bauen, und zwar meistens nur deshalb, weil Frau eben nicht will. Dies führt uns eigentlich zu einem sehr logischen Umkehrschluss: Männer wollen niemals das, was Frauen *unbedingt* wollen. Zumindest betrifft das jene Männer, die Ihr so sehr begehrt: die Ritter, Kämpfer und stolzen Recken unter uns, die meist deshalb so sexy für das weibliche Geschlecht erscheinen, weil sie eben keine Weicheier sind, die Ihr schon nach wenigen Wochen als Fußabstreifer benutzt, weil sie genau das tun, was Ihr Euch so sehr wünscht.

Darum: Sollte Deine Freundin tatsächlich den ultimativen Glücksgriff getan haben, dieser „Gentleman“ wirklich und wahrhaftig existieren, dann tut mir weitaus weniger Deine Freundin leid, sondern vielmehr das arme Schwein, das alles richtig macht. Denn so sehr Ihr Euch bei Euren endlosen Klospiegel-Meetings auch nach solchen Typen verzehrt: Sobald sie leibhaftig vor Euch stehen, überfällt auch die meisten Frauen nach kurzer Zeit jene öde und schreckliche Langeweile, die ein erfüllter Wunschtraum nun mal mit sich bringt. Alles andere ist maximal die Ausnahme einer in Beton gegossenen Regel. Und die wirkt, so bedauerlich das ist, definitiv auf beide Geschlechter.

*Robert,*

Du hast dem weiblichen Teil der Menschheit soeben einen guten Dienst erwiesen: Mädels, nehmt Euch in Acht – die „Gentleman-Masche“ ist wieder da! Gut zu wissen, wir sind auf der Hut. Aber: Wollen wir das überhaupt? Wollen wir hinter jedem Wort, hinter jeder netten Geste eine Schwindelei vermuten müssen? Wollen wir jedes Kompliment hinterfragen und Eure Liebesbeteuerungen auf ihren Ehrlichkeitsgehalt überprüfen? Wir sind schließlich keine wandelnden Lügendetektoren!

Einerseits finde ich es durchaus schmeichelhaft, dass sich ein Mann heutzutage etwas einfallen lässt, um unser Herz zu erobern, uns in sein Bett zu kriegen oder wie auch immer. Für viele von Euch ist es sicherlich nicht gerade einfach, den gebildeten, gepflegten, gut aussehenden, geschmackssicheren, aufmerksamen, charmanten, witzigen, verständnisvollen und starken Mann von Welt zu geben.

Andererseits: Wo sind die Zeiten geblieben, in denen man einen Idioten auf den ersten Blick als solchen identifizieren konnte!?! Die Zeiten, in denen die „Gentleman-Masche“ out und die „Ich bin ein Mann, also bin Ich“-Masche in war? Völlig unverfälscht habt Ihr früher vor uns gestanden und uns Euer wahres Ich offenbart. Und wir, die wir auch schon damals keine Zeit zu verlieren hatten, wussten sofort: JA oder Nein! Ein Mann, der nichts zu sagen hat, hätte damals auch nichts gesagt und nicht so getan, als wäre er Diskutierweltmeister. Ein Mann, dem es peinlich ist, über Gefühle zu sprechen, hätte dezent geschwiegen und nicht den großen Hobbypsychologen hervorgekehrt. Ein

Mann, der stolz ist auf seinen Schweiß und die Badewanne scheut wie der Teufel das Weihwasser, hätte auch beim ersten Date auf Deo und Krawatte verzichtet. Du rümpfst die Nase? Tu das nicht! Auf jeden Topf passt ein Deckel. Und auf die alte, ehrliche Art und Weise würde die „Natur pur"-Frau ganz schnell ihren „Natur pur"-Mann finden (und wäre nicht von einer Krawatte getäuscht, von geputzten Schuhen hinters Licht geführt und einer ausnahmsweise gepflegten Frisur geblendet). Die Gentleman-Anhängerin würde unter Tausenden Prinzen IHREN Gentleman entdecken und könnte sich so auf Anhieb den Mann ihrer Träume herauspicken.

Bitte, bitte, BITTE: Mutiert jetzt nicht alle zu dem perfekten Gentleman, der Ihr in Wahrheit gar nicht seid. Wie sollen wir uns in einem derartigen Einheitsbrei, in dem es von guten Manieren und auswendig gelernten Standardfloskeln nur so wimmelt, zurechtfinden?

Übrigens, gut zu wissen, dass IHR niemals wollt, dass WIR unbedingt wollen. Also behaupten wir in Zukunft einfach, das zu wollen, was wir eigentlich am Allerwenigsten wollen, um am Ende genau das zu kriegen, was wir ursprünglich wollten! Ziemlich clever, oder? Und vor allem so einfach ...

Möchte ich also eine ernsthafte Beziehung mit Zukunft und Perspektiven und all dem Drum und Dran, spiele ich die „eiskalte Diva". Fällt ein Mann in die Kategorie „nett, aber nicht ausbaufähig", gebe ich den warmherzigen und mütterlichen Typ. Und will ich meinen Freund loswerden, beginne ich mit meiner gesamten mir zur Verfügung stehenden Energie mit der Hochzeitsplanung! (Kleine Anmerkung: Wir sind schon wieder beim „Vortäuschen"!)

Was aber geschieht, wenn sich unsere „Ich wünsche mir das Gegenteil von dem, das ich mir in Wahrheit wünsche, damit ich das, was ich mir tatsächlich wünsche, bekomme"-Taktik mit Eurer Gentleman-Taktik kreuzt?

Angenommen, Mann X trifft bei irgendeiner Veranstaltung Frau Y!

ER: Im echten Leben alles andere als ein Gentleman, sondern ein eher nicht sehr wählerischer Draufgänger, der an diesem Abend schlicht und einfach Lust auf Sex hat, aber den zurückhaltenden und an ihrem Intellekt interessierten Gentleman spielt, weil er denkt, dass er nur so Chancen bei ihr hat.

SIE: In Wirklichkeit der „eiskalte Diva"-Gattung zugehörig, ist sie an Mr. Gentleman als Mensch null interessiert. Sie will nur ein wenig Spaß, zeigt dies aber natürlich nicht, denn sie hat ihre Lektion brav gelernt. Also tut sie so, als hätte sie ernste Absichten und mimt die Beziehungssehnsüchtige, um das, was sie will – nämlich Sex – zu kriegen.

Glaube mir, diese beiden finden niemals zueinander und der ersehnte One-Night-Stand geht als der am besten geplante und am wenigsten ausgeführte One-Night-Stand in die Geschichte ein!

Erstaunlich eigentlich, dass es immer noch Menschen gibt, die zum selben Zeitpunkt dasselbe wollen! Oder sollte ich mich nicht wundern, sondern vielmehr fragen: „Wer von den beiden lügt?"

Zum Schluss noch ein Wort zu dem, das Du als weibliche Vorliebe für „ECHTE Männer, von denen wir uns wünschen, dass sie sich wie Weicheier benehmen", bezeichnest! JA, Du hast Recht! Wir wollen einen RICHTIGEN Kerl und nichts Warmduscher-Ähnliches. Aber unbescheiden, wie wir nun einmal sind, brauchen wir beides: Eure uns den Atem raubende Männlichkeit UND romantische Gefühle. Es muss ja nicht „Kuschelrock 10" auf Powerplay sein und auch keine Torte in Herzform. Aber hin und wieder so ein bisschen Wärme, Verständnis und Zuwendung, außerdem Worte und Taten, die Eure Liebe zu uns sichtbar machen …

Am Schönsten ist es eben immer noch, wenn ein echter Macho, ein originaler Drachentöter, ein als unverwundbar geltender Schwertkämpfer vor Dir in die Knie geht!

*Daniela*

# 1 + 1 = 3?!

> *„Niemals sind wir ungeschützter gegen das Leiden, als wenn wir lieben.“*
>
> *Sigmund Freud*

*Lieber Robert,*

von den „Perspektiven“ zu einer „Teilperspektive“. Ja, ich spreche von NACHWUCHS. „Für wie super muss sich jemand halten, dass er davon ausgeht, dass die Welt noch einen Zweiten von ihm braucht?“ Dieser Ausspruch stammt natürlich von einem Mann. Wir Frauen sind diesem Thema gegenüber vielleicht eine Spur aufgeschlossener …

Bei den meisten von uns kommt irgendwann der Tag, an dem die Uhr zu ticken beginnt und man ein Kind möchte. Einfach so – aus heiterem Himmel. Man wird beim Anblick einer gebrauchten Babywindel sentimental und kann sich nichts Schöneres vorstellen, als einen Kinderwagen zu schieben. Bei mir kommen diese Phasen vorerst nur in Wellen. Vor ca. einem Jahr hat es angefangen: Ich stand in einem Drogeriemarkt, als neben mir plötzlich eine zauberhafte Zweijährige (im Buggy sitzend) zu singen begann. Es hat mich vor Rührung beinahe umgehauen, sogar Tränen traten mir in die Augen. TICK – TACK. Ich schwöre: Hätte es zu diesem Zeitpunkt einen brauchbaren Mann in meinem Leben gegeben … Gab es aber nicht – und so ging dieser Kelch noch mal an mir vorüber.

Wie schon im Handtaschen-Kapitel bewiesen, steckt in jeder Frau eine große Strategin. Wir sind sicherlich nicht unfehlbar, aber im Planen macht uns so schnell keiner was vor. Auch Kinderkriegen passiert meistens nicht ohne einen perfekt durchdachten Schlachtplan. Wir können gar nicht anders. Meine Freundinnen und ich nennen dieses Phänomen den „inneren Film“.

Wir verlieben uns in einen Mann, er deutet an, dass er uns auch ganz gut findet, und schon geht die Vorstellung los. Noch bevor wir wissen, was der potenzielle (und zu diesem Zeitpunkt noch völlig ahnungslose) Vater unseres ersten Kindes gerne isst, welche Schuhgröße er hat und wo er seine Urlaube am liebsten verbringt, malen wir uns in den schillerndsten Farben den ersten Schultag unseres gemeinsamen, noch nicht einmal gezeugten Kindes aus. Wir fangen an, uns Namen zu überlegen, die Größe der zukünftigen Kinderschar festzulegen und darüber nachzudenken, wo wir alle später wohnen werden. Werden es zwei Kinder sein oder vielleicht drei? Buben? Mädchen? Sollen die Kinder auf dem Land aufwachsen oder doch in der Stadt? Legen wir uns einen Hund zu oder Fische, oder sind wir gegen Tiere? Wie bekomme ich Kinder und Job unter einen Hut? Wem wird das Baby ähnlich sehen? WIRD ER EIN GUTER VATER SEIN?

Natürlich haben wir nicht das Verlangen, einen Mann sofort ins Bett zu zerren und unseren inneren Film in die Tat umzusetzen. Nein, nein, so gefährlich sind wir nicht. Aber man kann im Leben nicht alles dem Zufall überlassen, sonst treten wir in dreißig Jahren noch auf der Stelle.

Robert, Du gerätst wegen dieser Worte in Panik? Musst Du nicht. Vielmehr solltest Du froh sein, dass Du nicht der Mann einer Gottesanbeterin bist. Diese nämlich frisst das Männchen nach dem Geschlechtsverkehr einfach auf …

*Deine Daniela (ZWISCHEN den Wellen!)*

## *Liebe Mutti in spe,*

Du kannst mir zehnmal schreiben, dass Du Dich „zwischen den Wellen" befändest, oder versuchen, mich mit dem alten Lied, gerade „eh nicht an Nachwuchs zu denken", in scheinbarer Sicherheit zu wiegen. Alles Quatsch!

Faktum ist: Du bist eine Frau, Du bist dreißig und damit bist Du einfach nur: BRANDGEFÄHRLICH! Wer jetzt in Deine Nähe kommt, um das wunderbare Geschenk körperlicher Intimität von Dir zu empfangen, geht eine 50 : 50-Chance ein, auf der Stelle „verhaftet" zu werden. Eine Frau will, was ja so wunderbar wie nachvollziehbar ist, ab einem gewissen Alter einfach gerne ein Ei legen. Und das macht es leider für uns Männer sehr schwierig. Denn was wir so wollen, ist ja hinreichend bekannt, oder? Es hat jedenfalls meist nichts mit Windeln und Fläschchen zu tun.

Während bis zum Erreichen des 30. Lebensjahrs im urbanen Bereich (und bis zum 25. Geburtstag am Land) ein weibliches Wesen durchaus gewillt ist, manch schweren Fehler in Bezug auf die eigene Wahl eines Geschlechtspartners zu begehen, sinkt diese lockere Bereitschaft ab den eben erwähnten Altersgrenzen faktisch auf null. Ist das schlimm? Nein, ist es nicht. Es liegt einfach in der Natur der Frau, sich fortzupflanzen. Und es gehört sicherlich zum Schönsten, das Mann und Frau miteinander teilen können, wenn das Produkt ihrer Verbindung ein wahres „Kind der Liebe" ist. Aber begegnest Du als Bursche einer schönen Maid von sagen wir mal 35 Lenzen, musst Du Dir der Tatsache bewusst werden, dass Du es mit einem Wesen von mehr als nur ausgeprägtem Fortpflanzungswillen zu tun hast. Und die Entscheidung, Nachwuchs zu zeugen, möglicherweise keine gemeinsame ist.

Denn der Zeitfaktor ist für eine Frau nun mal nicht von der Hand zu weisen, während es uns Männern herzlich wurscht sein kann, ob wir mit zwanzig, dreißig, vierzig, fünfzig oder sogar sechzig Vater

werden. Was mich darum meist sehr erstaunt, ist das verwunderte, ja entgeisterte Gesicht völlig überraschter Männer, die sich wegen einer ungewollten Vaterschaft („Uaaaahh!") fragen, wie denn DAS passieren konnte?! Nun, relativ einfach: Sie sind – jede Gefahr ignorierend – auf ein Mädel hereingefallen, das mit treuherzigen Blicken versicherte, gerade „eh kein Kind zu wollen" – OBWOHL sie bereits um die dreißig Jahre zählt. Und geil wie ein Zuchtstier hat sich nämlicher Mann in einem zutiefst fruchtbaren Lebensabschnitt einer Frau wieder mal einfach ohne Hirn in ein Abenteuer geworfen, das er zumeist kurze Zeit später bitter bereuen muss, um weitere neun Monate später in eine weit größere Falle zu tappen, die sich „Wunder der Geburt" nennt. Und mag sich ein Mann auch dem tiefen Blick aus schönen Frauenaugen mit viel Kraft entziehen können, dem Erlebnis, das eigene Kind in Händen zu halten, entkommt er sicherlich nicht. Erst nach ca. drei Jahren, da enden nämlich statistisch die meisten Ehen in Österreich, die aufgrund solch „überraschender" Schwangerschaften geschlossen wurden.

Manchmal bin ich so unromantisch und abgeklärt, dass mir vor mir selbst graust ...

Liebe Grüße – und Gummi nicht vergessen!

*Robert*

PS: Falls Du Dich fragst, wann ich gedenke, eine Familie zu gründen, kann ich Dir dieselbe Antwort geben wie vor zehn Jahren, vor fünf Jahren und gestern: nämlich frühestens in zehn Jahren!

*Lieber Robert,*

ich bin gerade an dem Punkt angekommen, an dem ich ernsthaft bereue, mich auf dieses Buchprojekt eingelassen zu haben. Deine „ganze Wahrheit" über die Frau ab dreißig macht es für mich nicht unbedingt einfacher, einen Mann zu finden. In Zukunft wird jeder Herr der Schöpfung bei meinem Anblick an Deine Zeilen denken – und das Weite suchen. Ich gehe schon mal in mich und stelle mich auf das Leben ein, das von nun an auf mich wartet: einsam, ohne Sex und monoton. Vielleicht lege ich mir eine Katze zu. Juhu – und danke schön …

Seit vorgestern weiß ich übrigens, was der Mann noch mehr fürchtet als frühzeitigen Haarausfall: Samenraub! Als Boris Becker einst von einer jungen Dame seines Samens beraubt wurde (wie er den „Zwischenfall" in der Besenkammer darzustellen versuchte), habe ich mich köstlich amüsiert. Letzte Woche jedoch ist mir das Lachen vergangen. Ich hatte ein äußerst aufschlussreiches Telefonat mit meinem guten Freund R. Er, ein wahrer Liebling des weiblichen Geschlechts, konfisziert doch tatsächlich nach dem Liebesakt das gebrauchte Kondom! Der Gedanke, dass seine „Spielgefährtin" mit dem gefüllten Tütchen aufs Klo verschwinden und sich dort – sagen wir mal – „befruchten" könnte, macht ihn relativ unlocker.

Und ich dachte immer, es wäre einfach, ein Mann zu sein. Ich hatte ja keine Ahnung, mit welchen Problemen Ihr Euch herumschlagen müsst!!!

Deine von der „ganzen Wahrheit" eingeschüchterte und ihre „gute" Unterwäsche in den Keller verbannende

*Daniela*

PS: Gerade hat mich ein Mann gefragt, ob ich nächste Woche mit ihm essen gehe. Ich sage natürlich zu. In eineinhalb Monaten erscheint unser Buch, sollten wir es tatsächlich schreiben. Es könnte also das letzte Mal gewesen sein, dass mir jemand diese Frage gestellt hat.

# Das Elefantengedächtnis

*„Glück, das ist einfach eine gute Gesundheit und ein schlechtes Gedächtnis.“*

*Ernest Hemingway*

*Lieber Robert,*

es ist eine Tatsache: Frauen besitzen ein Elefantengedächtnis. Wir behalten Daten und Ereignisse, Geburtstage und wichtige Termine im Kopf, als wären sie in unsere Gehirne gemeißelt. Sehr praktisch. Wir wissen genau, WAS uns WER WANN und WARUM erzählt hat und können so ganz locker ein Gespräch weiterführen, das wir vor drei Tagen begonnen haben. Wir vergessen nichts: nicht die Verflossenen unserer Arbeitskollegen, nicht deren kulinarische Vorlieben und kleine Neurosen. Selbst an die Gründe für Eure Trennung von einer Frau, mit der Ihr vor drei Jahren das Kopfkissen geteilt habt, können wir uns erinnern. Wir wissen ganz genau, welches Kleid wir beim ersten Date mit Mr. X getragen haben, besorgen rechtzeitig ein passendes Geburtstagsgeschenk für unsere Liebsten und vergessen selbst den Ehrentag der Urstrumpftante nicht.

Soweit die positiven Seiten unserer Merkfähigkeit. In manchen Situationen ist es eher von Nachteil, nichts aus seinem Gehirn streichen zu können. Leider merken wir uns nämlich auch jede nicht angebrachte Bemerkung, jedes falsche Wort, jeden unfreundlichen Blick. Wir speichern diese Details und können sie – und das ist das Entscheidende – jederzeit wieder abrufen. Und hin und wieder kommt es vor, dass wir unser Wissen gegen Euch verwenden.

Also sei in Zukunft nicht verwirrt, wenn Dir ein weibliches Wesen eine Bemerkung vorhält, die sechs Wochen zurückliegt und auf die sie damals, als Du sie (= die Bemerkung) fallen gelassen hast, überhaupt nicht reagiert hat.

Denn genau in dem Moment, in dem Ihr nicht mehr mit einer Attacke rechnet und Euch voll und ganz in Sicherheit wähnt (und Eure Worte, die uns so gekränkt haben, schon wieder vergessen habt!), schlagen wir zu. Ich weiß, rein oberflächlich betrachtet, könnte man diese Taktik für äußerst hinterhältig halten. Diese Schlussfolgerung und den daraus entstehenden Vorwurf weise ich jedoch stellvertretend für meine Geschlechtsgenossinnen entschieden zurück.

Für ein derartiges – für einen Mann wahrscheinlich nur schwer nachvollziehbares – Verhalten gibt es einen Grund. Manchmal hätten wir ganz einfach gern, dass Ihr wisst, was wir wollen, ohne dass wir explizit darauf hinweisen (= etwas sagen, wie eine Verrückte gestikulieren, morsen, Rauchzeichen geben) müssen. Zum Beispiel ein Kompliment, eine gewisse Frage, eine Umarmung oder Schmuck. Man nennt das auch „einen Wunsch von den Augen ablesen". Allerdings sind die wenigsten von Euch im Gedankenlesen einigermaßen begabt, daher funktioniert das alles nur in den seltensten Fällen. Was wir Euch – und ein wenig schäme ich mich fast dafür – übel nehmen. Genau in diesen Momenten der Hilflosigkeit und Enttäuschung rächen wir uns mit einem alten Hut, hervorgezaubert aus unserem Elefantengedächtnis („und überhaupt war ich so traurig, weil Du damals gesagt hast ..."). Manchmal sind wir aber auch bloß ein wenig übellaunig und brauchen jemanden, an dem wir uns abreagieren können. Und wenn zu diesem Zeitpunkt nichts Aktuelles vorliegt, worüber man schmollen kann – Du weißt schon: alter Hut aus Elefantengedächtnis.

Frauen sind eben komplexe Wesen. Sorry (wo viel Licht, da auch ein wenig Schatten)!

*Danicla*

## *Daniela, Du Herzallerliebste,*

ich bin ratlos. Denn angesichts der von Dir so perfekt beschriebenen Tatsache der „Frau als Gedächtniskünstlerin“ habe ich selbst keine Ahnung, wie ein männliches Wesen hierbei jemals gleichziehen sollte.

Es ist leider eine traurige Wahrheit, dass in der Liste männlicher Wichtigkeiten explizit jene Termine, die Frauen etwas bedeuten, nur eine unwesentliche Reihung erfahren. So halte ich persönlich zum Beispiel „Jahrestage“ für völlig unwichtig. Denn was, zur Hölle, gibt es da zu feiern? Dass es ein Paar weitere 12 Monate gerade mal so geschafft hat, sich nicht gegenseitig die Schädel einzuschlagen?

Jahrestage sind nichts anderes als Marksteine, die den Weg in die Gruft markieren. Und je mehr man davon sammelt, desto schlechter wird die Laune, weil erst jene Marksteine die zurückgelegten Meilen des Lebens und damit die verbleibende Zeit bis zum Tode (entweder jenem des Lebens oder dem der Liebe) anzeigen; und wer will davon schon was hören? Wir Männer jedenfalls nicht. Das mag zwar sehr unromantisch klingen, ist aber eine definitive Wahrheit des Lebens: Je öfter Du auf die Uhr schaust, desto langsamer kriecht die Zeit. Und anstatt das Wunder der Zweisamkeit in einem wilden, funkelnden Rausch zu durchfliegen, schlagen Frauen anfangs sogar monatlich, später dann jährlich den Gong. Weil dies aber nun mal uns Männern nicht so wichtig scheint, hat es in unserem Langzeitgedächtnis auch keinen entsprechenden Stellenwert. Das wird niemals anders sein, das wird immer so bleiben, Punktum.

Außerdem, was regst Du Dich auf? Je eher wir einen Jahrestag verschlafen, desto teurer ist das Geschenk, mit dem wir versuchen, unsere Vergesslichkeit zu entschuldigen.

Dass Ihr Frauen Euch auch Daten besser zu merken scheint als wir, hat noch einen ganz anderen Grund: Wir Männer leben im HEUTE. Und Ihr Mädels lebt in einer Traumwelt namens Zukunft. Erklärung: Während ein Mann in den ersten Sekunden des Kennenlernens ausschließlich sexuelle Aspekte bewertet, kann eine Frau in Bruchteilen dieser Zeit die gesamte potenzielle Entwicklung der besten sowie der schlechtestmöglichen Beziehung, inklusive Versorgungskapazitäten und Nachwuchsfragen, von Anfang bis Ende abklären.

Keine Ahnung, wie Ihr das macht, aber es hat sicherlich mit dem großen Bedürfnis nach Sicherheit zu tun, das Euch ständig davor warnt, an den Falschen zu geraten. Und das die „Vernunftfrage" einer möglichen Verbindung stets über die Frage nach dem Spaßfaktor stellt. Damit ist der Blickwinkel auf das, was vor uns liegt, bei den Buben ein völlig anderer als bei den Mädels. Und wenn zwei Geschlechter die Zeit eines gemeinsamen Wirkens so differenziert betrachten, kann es zwangsläufig nur zu einem schrecklichen Knatsch kommen. Der übrigens irgendwann damit endet, dass der Streit über einen vergessenen Jahrestag gleich eine ganze Beziehung in den Orkus spült ... die, wenn Frauen nicht andauernd auf solchen Unwichtigkeiten herumritten, vielleicht tatsächlich ein Leben lang gehalten hätte!

Vielleicht nehmt Ihr Mädels das manchmal ein bisschen zu wichtig?

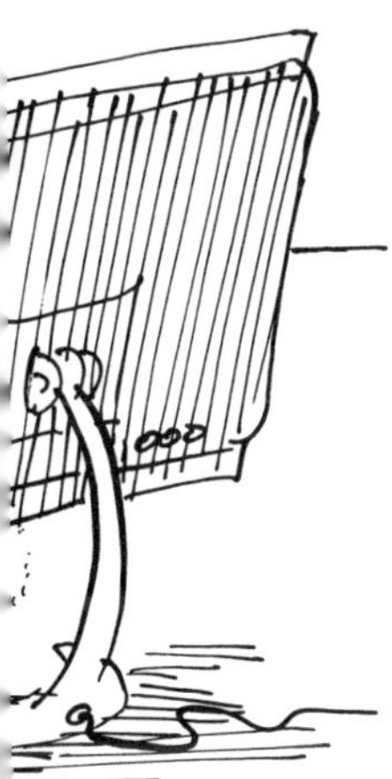

Übrigens, dass das weibliche Geschlecht Informationen, die uns Herren völlig irrelevant erscheinen mögen, derart gut abspeichert, erachte ich als Teil der Evolution der Frau schlechthin. Da Ihr untereinander einfach endlos Tratsch und Klatsch austauschen müsst, hat sich Eure Merkfähigkeit einfach weiter entwickelt als unsere. Denn wenn zwei Burschen auf ein Bier zusammensitzen, ist Victoria Beckham einfach kein Thema. Niemals.

*Bussi, Robert*

PS: Übrigens: Am 15. März vor 7 Jahren um 4 Uhr 55 morgens haben wir uns zum ersten Mal mit Wangenküsschen begrüßt. Wir sollten das feiern!

*Lieber Robert,*

Du rührst mich gerade zu Tränen! Genau das ist der Grund, weshalb ich Euch Männer so sehr liebe: Ihr seid immer für Überraschungen gut … Also – lass uns virtuell anstoßen!

*Deine Daniela*

# Das perfekte Geschenk

> *„Frauen leben in der Hoffnung, dass Männer, die mit Geld gut umgehen können, auch gut mit Frauen umgehen werden.“*
>
> *Jean-Paul Sartre*

*Lieber Robert,*

warum ist es für die meisten von Euch Männern so schwierig, ein passendes – nein, DAS PERFEKTE – Geschenk zu finden???

Ich weiß, dieses Thema mag Dir banal erscheinen, unwichtig ist es aber trotzdem nicht: Ein Geschenk kann immerhin dazu beitragen, dass sich Herzen noch weiter öffnen – oder für immer verschließen.

Ich hege schön langsam den Verdacht, dass Frauen und Männer komplett unterschiedliche Vorstellungen davon haben, was ein gutes Geschenk ausmacht. Du weißt schon: Ein Ding, das man den ganzen Tag betrachten könnte und von dem man irgendwann in vierzig Jahren seinen Enkelkindern erzählen wird. Ein richtig gutes Geschenk ist, wenn Du etwas bekommst, das Du Dir nicht gewünscht hast, aber in dem Moment, in dem Du es auspackst, nicht mehr weißt, wie Du jemals ohne dieses gewisse Etwas leben konntest.

Wir wollen ein Geschenk von emotionalem Wert (wobei ich jetzt nicht sage, dass ein Diamantring nicht auch von solchem ist!). Ein Geschenk, das wir nur deshalb bekommen, weil wir Euch schon tausendmal mit der Nase draufgestoßen haben, ist nur der halbe Spaß. Wir wollen, dass Ihr uns so sehr liebt, dass Ihr schon wisst, was wir uns wünschen, noch bevor wir angefangen haben, es uns zu wünschen.

Geschenke sprechen die Wahrheit:

Jemand, der Dir permanent das Falsche schenkt, tut dies wahrscheinlich, weil er nicht sieht, wie und wer Du wirklich bist. Und wir können nicht mit einem Menschen zusammen sein, der unser wahres Ich nicht erkennt und daher auch nicht lieben und schätzen kann.

Was will ein Mann uns mitteilen, wenn er uns mit einem nikoloroten Negligé aus Nylongewebe überrascht, obwohl wir schon mehrfach beteuert haben, dass Rot so gar nicht unsere Farbe ist und wir von Kunstfaser grauenvollen Ausschlag bekommen???

Wenn der Auserwählte permanent zu kleine Pullis, Hosen, Jacken kauft, ist das ebenfalls nicht gerade schmeichelhaft. Klar, wir könnten lächelnd darüber hinwegsehen vor lauter Dankbarkeit, dass er überhaupt an uns gedacht hat – aber eine derart großherzige und tolerante Frau kenne ich nicht. Ein Kleidungsstück, in das wir nicht hineinpassen, lässt unser Ego in den Keller rutschen, so ist das eben. Die Szene ist auch ZU schrecklich: Man wickelt das Geschenk aus dem Papier, entdeckt einen kuschelweichen Pulli, freut sich, schlüpft beschwingt in das tolle Teil – und steckt plötzlich fest. Irgendwo reißt eine Naht, man kann sich nicht mehr bewegen, verrenkt die Arme, zieht den Bauch ein, schnappt nach Luft.

Aber noch schlimmer als das „Mein Oberteil hält mich gefangen"-Gefühl ist der Blick in seine Augen. Man sieht dort pures Entsetzen und weiß: „Er findet mich dick. Ich habe ihn enttäuscht. Hätte er nicht eine Freundin verdient, die in Größe 34 passt?" Ab diesem Zeitpunkt ist das Fest gelaufen, denn ein Gedanke hat sich in den Kopf geschlichen und lässt sich nicht mehr vertreiben: „Wie werde ich am schnellsten zehn Kilo los?!?"

Schmuck ist ebenfalls nicht automatisch ein Volltreffer. Ein falscher Ring vom falschen Mann, der dezent darauf hindeuten soll, dass er heiraten möchte? HIIIIILFEEE!!!!!

Wenig charmant ist auch die Ansage: „Dieses Ding hab ich irgendwann einmal gekauft und bis jetzt noch niemandem geschenkt, also sollst Du es haben ..." Hallo, wo sind wir? Unter „guten" Freunden ist dies gestattet, aber von Mr. Traummann darf man sich wohl mehr erwarten.

Ein gutes Geschenk will nichts aufzwingen, nichts an einem verändern oder kritisieren. Ein gutes Geschenk sagt: „Ich habe erkannt, wie Du WIRKLICH bist – und genau deshalb liebe, schätze, verehre, begehre ich Dich!"

Es geht nämlich nicht um das Geschenk an sich, es geht um die Gefühle und Gedanken, die dahinterstecken.

Klar, ein Diamant ist ein Diamant und eine schöne Tasche ist eine schöne Tasche. Aber was nicht aus Liebe gegeben wird, ist nur die Hälfte wert.

Robert, vielleicht denkst Du jetzt, dass man nicht zu viel erwarten kann und Liebe irgendwann vergeht – und ein kleiner Diamant das Einzige ist, das bleibt. Da magst Du wohl Recht haben. Aber ich finde: Wir verdienen beides. Im Idealfall ist also das beste Geschenk der Schenker selbst – und der funkelnde Hochkaräter lediglich eine nette Draufgabe!

*Daniela*

## *Liebe Daniela,*

in all den Dekaden, in denen wir Männer uns nun schon den Kopf zermartern, womit wir den Damen dieses Erdenrunds eine kleine oder große Freude machen können, hat sich unsere diesbezügliche Vorgangsweise stark verändert. (Quasi eine Geschenk-Evolution!) Vielleicht lag es an der großen Unterschiedlichkeit zwischen unseren Geschlechtern, vielleicht auch einfach nur am meilenweiten emotionalen wie intellektuellen Vorsprung, den Ihr auf uns habt. Aber es steht unwiderruflich fest, dass Frauen gerne **sagen**, was Sie möchten, während auch diesbezüglich – sagt R. Fendrich – Schweigen „Männersache" ist. Das beginnt schon beim

Gustieren der millionenfachen und stets neuen Möglichkeiten, die sich dem mehr oder weniger schenkfreudigen Mann eröffnen, so er seine Herzallerliebste beim Einkaufen begleitet. Bei so ziemlich jedem einzelnen Schaufenster gebt Ihr uns durch unterschiedliche Hinweise einen eindeutigen Wink mit dem Zaunpfahl, was wir Euch früher oder später alles in Geschenkpapier wickeln könnten oder sollten. Auch das sogenannte „Windowshopping", jener völlig unsinnige und zutiefst weibliche Vorgang des absichtlichen Sonntagsspaziergangs durch Einkaufsstraßen (kein vernünftiger Mann würde so was tun!), ist nichts anderes als das Platzieren mehr oder minder versteckter Hinweise auf Eure unverschämten Frauenwünsche.

Nun ist es ein Naturgesetz, dass sich jenes mit der Zeit abnützt, was über Gebühr beansprucht wird. Da der Mann beim Einkaufen nur über eine begrenzte Aufnahmekapazität verfügt, reagiert das virile Gehirn auf das unfassbare Übermaß an Geschenkvorschlägen mit partieller Abschaltung der wichtigsten Gedächtnisfunktionen. Man darf ja auch nicht vergessen, dass beim gemeinsamen Auslagenschauen der Hauptteil unseres Gehirns damit beschäftigt ist, einerseits die Preisschilder zu verarbeiten und andererseits – extrem angestrengt übrigens – die Maße und Formen der Schaufensterpuppen mit denen der eigenen Partnerin zu vergleichen.

Wenn nun aber kommt, was kommen muss – nämlich ein Geburtstag, Hochzeitstag, Weihnachten, Namenstag, Ostern und Ähnliches –, oder eine besonders gemeine, sicherlich weibliche Erfindung, der Beziehungs-Jahrestag (wie elend!), dann suchen wir – so verzweifelt wie vergeblich – in den unergründlichen Windungen unseres Gedächtnisvermögens nach jenen Aussagen, Hinweisen und entzückten, angesichts verflucht überteuerter Damenprodukte Eurerseits getätigten Kreischlauten, die uns an das „perfekte Geschenk" erinnern sollten. Bloß, wie eben erwähnt, hat sich unser Gehirn aufgrund völliger Überreizung einfach NICHTS gemerkt, sorry!

Das Einzige, was wir noch so einigermaßen aus unserem Gedächtnis kramen können, ist, dass Ihr Frauen gerne Strümpfe anzieht, in fescher Wäsche sehr sexy ausseht und auch irgendwie gut riecht. Na ja ... und so schenken wir Euch eben zumeist jene Dinge, die mit diesen Passionen unmittelbar zu tun haben. Leider mischen sich (es handelt sich schließlich um ein und dieselbe Gedankenschublade) beim Aussuchen Eure Konfektionsgrößen mit jenen der bereits erwähnten Schaufensterpuppen, wodurch schon so manches Geschenkpapier unter Sturzbächen von Mädchentränen zu Pappmaché wurde.

Vorschlag: Behandelt uns vorsichtiger, erspart uns gemeinsames Einkaufen (vor allem das dämliche, nervtötende Windowshopping am Sonntag!) und wir haben den Kopf wieder frei, um ihn für Euch und die diversen Geschenkanlässe kreativ zu nutzen. Oder noch besser: SCHREIBT ENDLICH AUF, WAS IHR WOLLT! Und wenn's ins Budget passt, werdet Ihr erhalten, was Euer Herz so sehr begehrt. Wobei das Geld kein Problem sein dürfte, denn für Krawatten, Rasierwasser und Socken brauchen wir ja nichts mehr auszugeben … das haben wir dank EURER ewig gleichen Geschenkideen ja bereits dutzendfach auf Vorrat und müssen es meist nie wieder selber kaufen.

Mit freundlichen Grüßen,

*Robert*

PS: Früher, ich meine VOR den extremsten Auswüchsen der Emanzipation, die es uns unmöglich machen, die Themen „Frau" und „Kochen" in einen Topf zu werfen, war es übrigens bedeutend einfacher, Euch zu beschenken. Hast Du Dir schon mal die Küchen- und Haushaltskataloge durchgeblättert? Unfassbar, wie viel coole und nützliche Dinge es da so gäbe! Aber jetzt geht das halt nicht mehr. Schade irgendwie! Denn ein Mann wäre garantiert nicht böse, wenn er zu jedem Anlass ein anderes feines Werkzeug erhielte. Manchmal ist es echt nicht einfach mit Euch …

# Unter der roten Laterne

> *„Moralisch ist, wonach man sich gut fühlt. Unmoralisch ist, wonach man sich schlecht fühlt."*
>
> *Ernest Hemingway*

*Lieber Robert,*

ein – geschlechtsspezifischer – Unterschied: Männer gehen ins Puff, Frauen nicht. Natürlich besuchen nicht ALLE Männer in regelmäßigen Abständen ein Bordell, es sind aber genügend, um dem Rotlicht-Thema ein kleines Kapitelchen zu widmen.

Dieser Aspekt Eurer Freizeitgestaltung ist für uns Frauen eine Grauzone. Eine unbekannte Welt, die uns brennend interessiert.

Ich möchte an dieser Stelle festhalten, dass auch ich schon einmal im Bordell war – wenn auch nur für Dreharbeiten. Aber immerhin! Leider konnte ich selbst direkt am Tatort nicht herausfinden, was Euch in Scharen dorthin treibt.

Sind es die ach so geschmackvoll eingerichteten Räumlichkeiten? Die niedrigen Getränkepreise? Steht Ihr auf getigerte Bettwäsche und Plüsch?

Oder aber seid Ihr plötzlich alle großzügig geworden und bezahlt gerne für etwas, das es auch gratis gibt?

Was mich ein wenig stutzig macht: Jeder Mann, der mir von seinen Puff-Abenteuern erzählt, ist davon überzeugt, dass sich die Prostituierte entweder in ihn verliebt oder wenigstens den Sex mit ihm ausgesprochen genossen hat.

Jetzt gibt es drei Möglichkeiten:

1. Entweder kenne ich lauter Überdrüber-Traummänner mit exzellenten sexuellen Fähigkeiten,
2. die anderen sind noch schlimmer oder aber
3. Ihr macht Euch etwas vor!

Punkt drei führt mich auch gleich zu der Frage: Warum wollt Ihr so gerne Sex haben mit einer Frau, die Euch genau das vorspielt, was eine andere (nämlich Eure) Frau tatsächlich tut? Ja, ich spreche von „LIEBEN"! Zeigen wir Euch im „richtigen" Leben so wenig, wie sehr wir Euch bewundern und aufregend finden? Seid Ihr dermaßen ausgehungert nach Anerkennung, dass Ihr für gefaktes Begehren zahlt?

Oder verhält es sich nach der alten Weisheit: „Wer zahlt, schafft an"? Sehnt Ihr Euch im Geheimen danach, der Bestimmende sein zu können? Sind es die klaren Grenzen und Vorgaben, die Euch so gut gefallen: Ich bezahle, also bekomme ich, was ich will? Muss auf den anderen nicht Rücksicht nehmen, mir keine Vorwürfe anhören und keine Jammereien, und ich laufe vor allem nicht Gefahr, abgewiesen zu werden. Geht es um Bestätigung? Um den Kick? Um die Befriedigung sexueller Vorlieben, die Ihr Euren Frauen nicht zumuten wollt? Ist ein Mann ohne Doppelleben kein richtiger Mann? Muss ein geschäftlicher Deal durch einen gemeinsamen Abstecher ins Bordell besiegelt werden – reicht es heutzutage nicht mehr, einander einfach nur die Hände zu schütteln und mit einem Gläschen Champagner auf die Zukunft anzustoßen?

Sind Sex und Liebe für Euch zwei unterschiedliche Paar Schuhe? Oder gebt Ihr Euch gerne der Illusion hin, der tolle Hecht im Karpfenteich zu sein, der sie ALLE haben kann?

Ein Mann wollte mir einst weismachen, dass ein Besuch im Puff absolut nichts bedeutet. Es ginge nur um Sex und nicht um Liebe – und hat daher mit Betrügen und Fremdgehen rein gar nichts zu tun. Vielleicht bin ich spießig, aber ich sehe das ein wenig anders. Wer seiner Frau erzählt, dass er mit Freunden ein paar Bierchen zwitschern war und in Wahrheit von einem ganz anderen Vögelchen bezwitschert wurde, lügt. Und belügen ist betrügen.

Bitte, Robert, sag, dass die von mir angeführten möglichen Gründe für Eure Abstecher ins Rotlichtmilieu bloß weibliche Hirngespinste sind. Es muss doch einen tieferen Grund dafür geben. Oder seid Ihr wirklich so einfach gestrickt?

*Daniela,*

da sollte ich jetzt ein wenig ausholen. Beginnen wir mit einem Faktum: Männer lieben schnellen, unkomplizierten, vor allem aber auch gerne mal unpersönlichen Sex, Frauen tun sich damit oft ein wenig schwerer.

Vielleicht hat es schon mit der simplen, aber sehr unterschiedlichen Mechanik des Sexualakts zu tun?

Etwas forsch, dafür aber umso deutlicher, könnte man sagen: Männer stecken was rein, Frauen lassen sich was reinstecken. Dass das weibliche Geschlecht, das sozusagen akttechnisch „empfängt“, seine Sexualpartner darum ein wenig strenger auswählt, als dies Männer zu tun pflegen, ist logisch.

Aber selbst, wenn diese Erklärung völliger Humbug sein sollte, so glaube ich doch wenigstens stellvertretend für meine Spezies sagen zu können, wir Männer schlafen einfach ganz problemlos mit Frauen, die wir weder lange noch gut kennen. Wir haben Sex mit Frauen, deren Namen wir nicht wissen, ja wir könnten sogar mit Frauen verkehren, mit denen wir noch nie ein Wort gewechselt haben. Jederzeit, spontan und allzeit bereit!

Und weil wir nun mal so sind (endlich komme ich zum Thema), können wir auch etwas sehr speziell Männliches tun, was eine Frau – vielleicht schon aus der reinen Position ihrer Weiblichkeit heraus – nicht nachvollziehen kann: Wir kaufen Sex. Und dahinter steckt weder eine besonders komplizierte Psyche noch ein besonders pikantes Geheimnis, welches hinter plüschbeschlagenen Türen verschlüsselt liegt! Wir kaufen uns Sex so wie Ihr Euch neue Schuhe kauft. Und die traurige Wahrheit lautet: Es könnte sogar sein, dass Euch Frauen ein neues Paar Manolos mehr bedeutet als uns Männern eine flotte Nummer. So einfach ist das.

Somit gibt es – natürlich – kaum einen Adam, der dieser teuren Versuchung nicht schon einmal, bisweilen sogar mehrmals, erlegen ist. Und selbstverständlich macht der Ruch des Geheimnisvollen, der Odem des Verbotenen und der Reiz des Anstößigen das horizontale Gewerbe mindestens ebenso erfolgreich wie jene (nackte) Tatsache, die für viele Männer einen Hauptgrund liefert, sich den leichten Damen anzuvertrauen: Schmutziger Sex, also Praktiken, welche die eigene Partnerin vielleicht nicht reizvoll findet, sind gegen Bezahlung in solchen Häusern einfach kein Problem. Punktum.

Viele Männer genießen auch sicherlich den Umstand, sich die Zeit und den Körper einer Frau zu erkaufen, weil sie im normalen Leben keinen Erfolg beim anderen Geschlecht erzielen können. Andere wiederum

DU TOLLER HECHT, DU...

fahren höllisch darauf ab, über eine Frau zu „bestimmen“, während sie zu Hause oder in ihrem Beruf einer Dame vielleicht nur untertänig zu begegnen in der Lage sind. Wie auch immer.

Was Mann bei all der künstlichen Hemingway-Romantik und während des Auslebens seiner feuchten Bubenträume gerne vergisst, ist das Leid und das unfassbare, ekelhafte Elend, das hinter dem ältesten Gewerbe der Welt steckt. Wer allein darüber auch nur einmal wirklich nachgedacht hat, geht garantiert kein zweites Mal in solch ein Lokal. Oder benimmt sich, so er es nicht lassen kann, wenigstens im Bordell wie ein Gentleman, denn Damen bleiben schließlich Damen, ob nun „leicht“ oder nicht.

Was ich übrigens beinahe garantieren kann: Jene „echten Kerle“, die es stets schaffen, selbst Prostituierte in helle sexuelle Aufregung zu versetzen, oder es nicht lassen können, von den unglaublichen Orgasmen zu erzählen, die sie ihrer bezahlten Partnerin schenken durften: Nun, die sind nicht nur ins Puff gegangen,

... sondern zumeist auch einer sehr professionellen Lady auf den Leim.

*Robert*

Ja, ja, lieber Robert, es gibt im Leben Situationen, in denen man eine Entscheidung treffen muss ... Du hast mit Deinem Schlusssatz gerade Deine Geschlechtskollegen verraten und einige womöglich in eine tiefe Sinnkrise gestürzt: „Was – sie hat mir das alles nur VORGESPIELT!!!!???!!!“

Dafür bekommst Du von uns Frauen ein Pluspünktchen ...

*Daniela*

# Vorsicht! Ehering!

> *„Wie geht es in der Ehe zu? Nach kurzer Zeit merkt zuerst der eine Partner, dass er hereingefallen ist; welch himmelschreiende Treulosigkeit! Aber im Laufe der Zeit kommt der andere Partner zum selben Resultat; und nun wird eine Neutralität arrangiert, in der die beiderseitige Untreue mit Zufriedenheit und Vergnügen verrechnet wird. So hat man die Sache hinter sich, denn Scheidung wäre mit zu großen Schwierigkeiten verbunden."*
>
> *Søren Aabye Kierkegaard*

*Lieber Robert,*

meine Freundin S. ist wieder einmal an den falschen Mann geraten. Der Klassiker: Traumprinz entpuppt sich als Flop mit Ehering. Sie wollte eine gemeinsame Zukunft, er eine Zweitfrau. Und ich schwöre: Diesmal hat SIE alles richtig gemacht. Sie war bloß noch nicht darüber informiert, dass es auf Schritt 4 ankommt.

Schritt 4? Ganz einfach:
Da wir ja schon wissen, dass Ihr es mit Euren Treueschwüren nicht immer ganz so genau nehmt, sind wir vorsichtig geworden und haben uns ein ausgeklügeltes Checklisten-System überlegt.

Schritt 1: Wenn Dich ein Mann anspricht, der Dir auch gefallen könnte, achte zuerst auf seine Hände. Steckt ein Ehering an einem seiner zehn Finger?

Schritt 2: Kannst Du besagten Ring nirgendwo entdecken, geh auf Nummer sicher und frag ihn, ob er verheiratet ist.

Schritt 3A: Er beantwortet diese Frage mit JA: Nimm die Beine in die Hand und lauf weg, so schnell Du kannst.

Schritt 3B: Er antwortet mit NEIN: Grünes Licht, lern ihn näher kennen!

Es wäre so einfach, wenn es nicht auch noch 3C geben würde. In diesem Fall lautet die Antwort: JA, ich bin NOCH verheiratet. Meine Ehe ist aber praktisch völlig zerrüttet und die Scheidung so gut wie eingereicht. Und genau in 3C liegt der Hund begraben.

Wir neigen im Liebesrausch nämlich dazu, gewisse Kleinigkeiten zu überhören oder nicht weiter zu hinterfragen und steigen somit in den Zug, von dem wir uns erhoffen, dass er uns auf direktem Wege ins Paradies führt. Was er aber nicht tut. Denn die entschlüsselte Version von 3C bedeutet: Ich habe bereits eine Familie, neue Verpflichtungen kann ich keine gebrauchen, bin aber offen für eine kleine Affäre. Und während Du an seine bevorstehende Scheidung glaubst und beginnst, Dir in Gedanken Dein zukünftiges Leben auszumalen, mutierst Du – ohne es zu wissen – zur Geliebten. Das Schicksal der ewigen Frau im Schatten: gestohlene Momente, schlechtes Gewissen und die immer größer werdende Hoffnungslosigkeit. Befreit von jeglicher Selbstbestimmtheit, denn er könnte Dich ja heute noch sehen wollen ..., um schließlich doch wieder umsonst gewartet zu haben. Ob dies die Zutaten für ein glückliches Leben sind?

Ein Leben als Geliebte ist ausschließlich für Frauen die optimale Lebensform, die entweder selbst verheiratet oder masochistisch veranlagt sind oder die um nichts in der Welt eine feste Beziehung anstreben.

Was lernen wir daraus?

Erhältst Du die Antwort 3C („JA, ich bin NOCH verheiratet. Meine Ehe ist aber praktisch völlig zerrüttet und die Scheidung so gut wie eingereicht"), leite Schritt 4 ein:

Stelle noch zwei letzte Fragen:

1. Weiß auch Deine Frau über die völlige Zerrüttung Eurer Ehe Bescheid?
2. Wohnst Du noch zu Hause oder bereits im Hotel?

Und dann?

Dann nimm Deine Beine in die Hand und lauf weg, so schnell Du kannst!

*Daniela*

*Herzallerliebste Daniela,*

o ja, es stimmt sicherlich, dass wir Männer – vor allem die unglücklich verheirateten unter uns – hinterhältige, gemeine und skrupellose Lügenbolde sind, die Eure offenherzige Gutgläubigkeit ausnützen, um aus selbstbewussten, eigenständigen Frauen willenlose, leidende Opfer zu machen, die ihr beklagenswertes Dasein dann im Schatten einer fremden Beziehung fristen müssen …

Hallo? Jemand zu Hause? Vielleicht tue ich ja jetzt sehr vielen Menschen Unrecht, aber irre ich mich, wenn ich sage: In diesem Falle muss Frau erst einmal Opfer sein WOLLEN? Denn eines habe ich langsam unter Garantie satt: dass wir Männer immer die einzig Schuldigen sind!

Ich könnte Dir mindestens ebenso viele Beispiele untreuer Damen nennen, die sich einerseits voller Hingabe ihrer Affäre widmen, zeitgleich aber eine Beziehung leben, deren Ende sich schon jahrelang hinzieht – und das alles nur, um den leidenden Liebhaber bei (und an) der Stange zu halten. Ich kenne – in der Tat – viel weniger Männer, die sich das gefallen lassen, schon gar nicht über mehrere Jahre hinweg.

Aber aus irgendeinem Grund finden sich immer wieder Frauen, die dieses schmerzhafte Schicksal still leidend über sich ergehen lassen. Und so sehr ich solche Menschen auch bemitleide, so wenig Verständnis kann ich dafür aufbringen. Denn auch zu einer schlechten Beziehung gehören stets zwei Personen (in diesem Falle sogar drei!), von denen eine der anderen etwas antut, das sich diese entsprechend gefallen lässt, ohne die Situation in die Hand zu nehmen und zu ändern.

Sich beispielsweise in einen Mann zu verschauen, der (noch?) eine andere Beziehung führt, ist sicherlich schmerzhaft, aber die Schuld am Misslingen dieser Liebe trifft dabei sicherlich nicht den Mann allein. Man kann es doch niemandem vorwerfen, dass er zwischen zwei Menschen hin und her gerissen ist, sich nicht entscheiden kann, aus Angst, alle beide zu verlieren? Was ist wohl die logische Konsequenz aus diesem Fluch? Natürlich jene, dass man versucht, beide Frauen in seinem Leben zu halten. Oder beide Männer, je nachdem.

Es ist und bleibt ein altes Lied. Nämlich jenes vom ewigen Kampf zwischen gewachsener Liebe und brennender Leidenschaft, zwischen Vernunft und Abenteuer, zwischen steter Harmonie und prickelnder Abwechslung. Auf der Strecke bleiben zumeist ... alle Beteiligten. Und im schlimmsten Fall die Kinder. Aber es ist sicher nicht so, wie Du es in Deiner E-Mail und Tausende andere Frauen in diversen Zeitschriften so gerne kolportieren: dass es ein Problem ist, das nur Ihr Frauen mit uns Männern habt. Es ist vielmehr eine zutiefst menschliche Tatsache, dass die meisten von uns nicht jahrelang monogam leben können. Traurig für alle, die vor einem Pfarrer schon „Ja" geflötet haben. Und eine Warnung an alle, die es einmal tun möchten! Denn die Frage, ob aus einer Zweierbeziehung eine Dreiergeschichte werden kann, ist weniger eine der Liebe, sondern eher eine Frage jener Stärke, die es braucht, um seinen Versuchungen und Leidenschaften zu widerstehen. Ganz schön schwer, by the way ...

Sorry,

*Dein Robert*

*Lieber Robert,*

ja, wir alle werden manchmal ganz schön auf die Probe gestellt. Es ist ein Jammer, dass Gefühle so verdammt unberechenbar sind. Und beinahe noch schlimmer ist es, dass niemand etwas dafür kann! Vermutlich geht es im Leben darum, Punkte zu sammeln, indem wir den Versuchungen widerstehen, die uns tagtäglich über den Weg laufen. Haben wir uns einen neuen Punkt dazuverdient, sind wir als Mensch wieder ein wenig gewachsen und befinden uns nun auf einem höheren Level.

Die Belohnung: neue Versuchungen, denen es zu widerstehen gilt – und Versuchungen gibt es nahezu unendlich viele. Schokolade, der Wunsch, auf der Autobahn 180 zu fahren – und ein schlicht und ergreifend atemberaubender Mann, der zwar nicht derjenige ist, dem wir einst die ewige Treue geschworen haben, der uns aber im Hier und Jetzt ganz arge Schmetterlinge in den Bauch zaubert. Hilfe! Wo ist der „Aus"-Knopf?! Was ist richtig in diesem magischen Moment, was falsch? Soll ich handeln und mit diesem Mann den vielleicht besten Moment meines Lebens erleben? Oder den Kopf in den Sand stecken, an irgendetwas Harmloses, wie zum Beispiel Kochrezepte, denken und hoffen, dass die Schmetterlinge von allein weiterfliegen?

Glücklich ist, wer erkennt, welchen Versuchungen man besser widersteht und welche es wert sind, dass wir ihnen nachgeben – und wer gelernt hat, sich selbst zu verzeihen, wenn er die falsche Entscheidung getroffen hat. Es geht darum, die Balance zwischen Festhalten und Loslassen zu finden, zwischen Fantasie und Realität. Ein Sicherheitsnetz existiert nicht. Es gibt nur den Weg, für den WIR uns entscheiden. Ohne Wenn und Aber und absolut selbstbestimmt.

Warum wir Frauen manchmal zu sehr leiden und uns als Opfer fühlen (obwohl wir im Grunde wissen, dass wir das ganz und gar nicht sind)? Vielleicht habt Ihr einfach ein zuverlässigeres automatisches Alarm- und Selbstschutzsystem eingebaut, das Euch den exakten Zeitpunkt mitteilt, an dem es das Beste ist, die Beine in die Hand zu nehmen und davonzulaufen!

Wir arbeiten daran …

*Daniela*

# Meine Liebste, der Krösus

> *„Karriere ist etwas Herrliches, aber man kann sich nicht in einer kalten Nacht an ihr wärmen."*
>
> *Marilyn Monroe*

*Lieber Robert,*

immer wieder werde ich gefragt, ob wir Frauen mit einem Mann zusammen sein wollen, der weniger verdient als wir. Ehrliche Antwort: JA – wenn ER damit klarkommt!

Viele von Euch schwören zwar, dass Sie kein Problem mit einer wohlhabenderen Frau haben und verweisen mit einer lässigen Geste auf unseren Ex-Finanzminister, der das ja anscheinend auch ganz gut hinkriegt. Aber wenn Eure Frau tatsächlich erfolgreicher ist als Ihr, kommt der große Minderwertigkeitskomplex. Ihr fühlt Euch plötzlich unmännlich und kompensiert dieses unangenehme Gefühl mit exzessivem Alkoholgenuss, Fremdgehen und anderen Blödheiten. Viele meiner Geschlechtskolleginnen umgehen das Problem des sich „enteiert" fühlenden Mannes, indem sie sich ganz einfach jemanden suchen, der von vornherein mehr Geld hat als sie. Ganz nach dem Motto meiner Freundin S.: „Ein Mann darf ruhig kleiner sein als ich, sein Budget aber nicht."

Natürlich will jede von uns einen Mann, den sie respektieren, schätzen und für irgendetwas bewundern kann. Wir wollen schließlich einen Helden und kein Weichei. Was viele Herren der Schöpfung allerdings noch lernen müssen: Ein Held zu sein, heißt nicht allein, mit der goldenen Kreditkarte zu wedeln. Wir sind ja nicht mit einem Bankkonto zusammen, sondern immer noch mit dem dazugehörenden Mann.

Wir wünschen uns, dass wir mit unserem Freund/Mann auf Augenhöhe sein und dann und wann zu ihm aufsehen können. Aber eben nicht nur aufgrund seines Vermögens, sondern auch – und vor allem – wegen seiner Art, die Dinge zu sehen, zu sprechen, zu lachen, Klavier zu spielen, Häuser zu entwerfen, Kinder großzuziehen. Wegen seiner Intelligenz, seiner Warmherzigkeit und seiner selbstbewussten Haltung. Ihr wollt der Beschützer sein? Das trifft sich gut! Denn auch die (einkommens-)stärkste Frau hat manchmal nur einen Wunsch: in den Arm genommen und lieb gehabt zu werden!

Wahrscheinlich müssen wir uns alle – Männer und Frauen – noch ein wenig weiterentwickeln. Ihr müsst lernen, zu leben, was Ihr in der Theorie schon längst erkannt habt, und endlich aufhören, zu glauben, dass eine Frau mit mehr Geld Euch Eure holde Männlichkeit stehlen will. Wir müssen lernen, Euch zuzutrauen, dass Ihr das auch schafft.

Denn eines ist klar: Wahrer Luxus ist, sich keinen „Versorger" suchen zu müssen, sondern einen Mann, den man liebt.

*Daniela*

## *Liebste Daniela,*

ehrlich gesagt, habe ich überhaupt kein Problem damit, wenn eine Frau mehr Geld hat als ich! Im Gegenteil, es könnte ja sogar gewisse Vorteile haben, wenn ein Mann seine Angebetete nicht andauernd einladen muss, weil er zum Beispiel ein 40-jähriger Banker ist (einen gehobenen Lebensstandard durchaus gewohnt), während seine Freundin 25 Lenze zählt, studiert und es sich aus eigener Finanzkraft niemals leisten könnte, die Hälfte der gemeinsamen Lebenskosten zu tragen. Ich selbst hatte schon des Öfteren eine Freundin, deren Familie über Generationen große Vermögen anhäufte, wodurch ich für das gemeinsame Urlauben, Essengehen etc. hart arbeiten, sie hingegen nur einmal treuherzig ihren Großpapa umarmen musste.

Tatsache war jedenfalls, dass ich mir stets jenen Teil Geldes behalten durfte, den Mann/man normalerweise für seine Herzallerliebste so ausgibt, was ja an sich eine schöne Sache ist. Leider ging die Rechnung dennoch nicht auf, da reiche Erbinnen in der Regel daran gewöhnt sind, einen unfassbar schillernden Lebenswandel zu führen, was mich dann regelmäßig dazu zwang, mehr und mehr und noch mehr zu hackeln, nur um einigermaßen mit IHR mithalten zu können, während mein Kreditkarteninstitut bereits Killer auf mich angesetzt hatte. Und das Übelste daran: Wenn ich dann – meist regelmäßig zur blanken Monatsmitte –

meine Sorge wegen „unseres“ vielleicht etwas zu feudalen Lebensstils zu äußern wagte, musste ich mir Dinge anhören wie: *„Du bist so oberflächlich! Immer geht's Dir nur ums Geld!“*

Aber zumindest verschonte mich das Schicksal bisher mit üblen diesbezüglichen Erfahrungen wie jene, die ein guter Freund von mir zu bejammern weiß: Der war doch tatsächlich mit einer der reichsten Erbinnen des Landes liiert und musste trotzdem stets für beide blechen (und das nicht zu knapp).

Dennoch trifft ein Mädchen aus reichem Hause den hart arbeitenden Kavalier niemals in seiner Eitelkeit. Denn sie hat ihr Geld ja nicht verdient, man hat es ihr gleichsam geschenkt. Im Wettbewerb der Oberflächlichkeiten kratzt das einen Mann eher wenig, denn was man nicht selbst geschaffen hat, bietet auch wenig Grund, darauf stolz zu sein.

Etwas ganz anderes ist es sicherlich, wenn beide Partner arbeiten, aber der Mann um ein Hauseck weniger verdient als seine Herzdame. Denn dies trifft den *keulenschwingenden Jäger aus der Steinzeit* (dem wir während unseres Schriftverkehrs schon so oft begegneten) so hart wie ein Mammuttritt in die Familienjuwelen! So unromantisch, unehrenvoll, unrealistisch und antiquiert es auch klingen mag, liebe

Daniela: WIR MÄNNER – und gestatte mir bitte, mir dabei wie einst Tarzan auf die Brust zu klopfen – also, wir Männer sorgen für das Erlegen der Beute, die Sicherheit unserer Familie und die der gemeinsamen Höhle. Wenn Ihr uns das nun auch noch nehmen wollt, dann kann es zwangsläufig nur Brösel geben, denn es kränkt uns in unserer Eitelkeit, nimmt uns ein wenig den Stolz und stellt uns – noch vor jeder Midlife-Crisis – vor ein abgrundtiefes „Warum?“ in der Frage männlicher Daseinsberechtigung.

Natürlich gibt es Ausnahmen, also Männer, denen solcherlei völlig egal ist. Aber das Gros der Jäger und Sammler unter uns möchte – vor allem ja auch in den Augen der Partnerin! – einfach gerne stark sein, erfolgreich und so konkurrenzlos wie nur irgendwie möglich. Und da sich heute das Leben eben weniger um Keulen, Feuer und Höhlen dreht, entscheidet sich die Frage nach „Stolz und Stellenwert“ eben zumeist rund ums liebe Geld. Darum möchte ich Dir Deine Bitte um Verständnis für weibliche **Mehr**einnahmen in einer Partnerschaft so ehrlich und schlicht wie möglich beantworten.

Nämlich mit einem ausdrücklichen

NEIN DANKE!

Das Einzige, was nicht nur akzeptabel, sondern sogar äußerst wünschenswert (weil gerecht) wäre, ist, dass Frauen und Männer **gleich viel** verdienen. Zumindest für ein und dieselbe Arbeit. Nur bitte versucht nicht, uns beim Einkommen restlos zu übertrumpfen. Ich finde, es reicht, dass Frauen gemeinhin *klüger* sind. Und *schöner* als wir.

Bitte danke,

*Robert*

# Wer etwas will …

> *„Nicht wollen ist der Grund, nicht können nur der Vorwand."*
>
> *Seneca*

*Lieber Robert,*

wir Frauen verbringen in unserem Leben sehr viel Zeit damit, um herauszufinden, ob das Objekt unserer Begierde das Gleiche empfindet oder nicht. Wir analysieren, interpretieren und hinterfragen und – ja, auch das kommt vor – reden uns die Situation schön. Manchmal liegen wir damit natürlich gewaltig daneben. Weil die Tatsache, dass ER mit mir auf einen Kaffee gehen will, noch lange nicht bedeutet, dass er mit mir den Rest seines Lebens verbringen will. In unserer Verzweiflung erfinden wir oft die besten Ausreden für Euch: „Natürlich liebt er mich, aber er hat gerade so viele Probleme, dass er im Moment einfach nicht bereit ist für eine Beziehung." Oder: „Er denkt mit Sicherheit ständig an mich! Warum er nicht anruft? Nun, wahrscheinlich hat er sein Handy verloren!" Oder: „Ich weiß, dass er auch in mich verliebt ist, schließlich ist da diese gewisse Spannung zwischen uns. Leider kann er seine Gefühle nicht so zeigen, weil er halt total verkorkst ist!"

Komisch nur, dass genau dieser offenbar völlig verkorkste Typ, der nicht offen ist für eine Beziehung und immer seine Handys verliert, in einer anderen Situation mit einer anderen Frau auf einmal ganz schnell ganz offen ist für eine neue Liebe, der umgänglichste Mann der Welt ist und zehnmal am Tag ein Lebenszeichen von sich gibt.

Mittlerweile, nach dreißig Jahren des Interpretierens und Schöndenkens, bin ich zu der Einsicht gelangt, dass Ihr bei Weitem simpler gestrickt seid, als wir zu glauben wagen. Wenn Ihr nämlich etwas wollt, holt Ihr es Euch auch. Ganz einfach so!

Wenn Ihr also nicht anruft, keine Zeit für ein Treffen mit uns habt, uns nur im betrunkenen Zustand küssen wollt, mit anderen Frauen Sex habt, Euch auf keinen Fall vorstellen könnt, uns zu heiraten, Euch nicht für uns interessiert, sondern immer nur von Euch sprecht, mit uns Schluss macht, unsere Freunde nicht kennenlernen wollt und niemals mit uns allein ausgehen wollt, sondern immer mit uns und zehn anderen Freunden, dann seid Ihr keinesfalls emotional gestört, beziehungsunfähig oder nicht bereit für etwas Neues! Nein, dann seid Ihr ganz schlicht und ergreifend NICHT IN UNS VERLIEBT.

Ein verliebter Mann erscheint fünf Minuten zu früh am Ort der Verabredung, obwohl er sonst ein notorischer zu spät Kommender ist.

Ein verliebter Mann sagt ein wichtiges Meeting ab, damit Ihr Euch sehen könnt, obwohl seine Karriere ihm alles bedeutet.

Ein verliebter Mann schickt Dir zwanzig SMS am Tag, damit Du nicht vergisst, was er für Dich empfindet, obwohl sein Terminkalender mehr als voll ist.

Ein verliebter Mann verspricht Dir etwas und hält es tatsächlich, obwohl er als unzuverlässig gilt.

Ein verliebter Mann zeigt Dir seine Gefühle, obgleich er sonst sehr rational veranlagt ist.

Irgendwann aber kommt der Tag, ab dem er sich wieder jedes Mal verspätet, ab dem er wieder hauptsächlich für seinen Job lebt, er zwar viel sagt, aber wenig tut und er sich nur noch sporadisch meldet. Seine Gefühle werden wieder zum großen Geheimnis, und dass er Dich liebt, sagt er nur, wenn Du ihn ausdrücklich danach fragst. Und spätestens dann ist es an der Zeit, den Tatsachen ins Auge zu blicken: Spätestens dann nämlich ist die Sache gelaufen!

Und soll ich Dir ein Geheimnis verraten? Wir Frauen ticken in diesem Punkt genauso! Du rufst eine Frau zehnmal am Tag an und erreichst immer nur ihre Mobilbox? Du lädst eine Frau schon zum fünften Mal zum Essen ein, aber nie hat sie Zeit? Du bietest einer Frau an, sie nach Hause zu bringen und jedes Mal entscheidet sie sich für das Taxi? Du gestehst ihr Deine Liebe und sie faselt irgendetwas von „gute Freunde sein“ und dass sie noch nicht bereit ist für eine neue Liebe? Heißt im Klartext: Sie ist nicht bereit für DICH – und sie wird es auch niemals sein! Keiner von uns, egal ob weiblich oder männlich, hat Angst vor Gefühlen. Ganz im Gegenteil: Wir alle gieren förmlich nach Gefühlen, die so groß und stark sind, dass sie uns umhauen!

Mein Lieblingssprichwort bringt es auf den Punkt: „Wer etwas will, sucht Wege. Wer etwas nicht will, sucht Gründe.“

Das Leben kann so einfach sein!

*Daniela*

*Liebe Dani,*

wie Recht Du hast! Und wie schwierig das Problem dennoch ist. Ich, zum Beispiel, weiß gar nicht, wie viele Stunden meines Lebens ich damit zubrachte, guten Freundinnen von Frauen, deren Herz ich erobern wollte, irgendwelche Weisheiten und Ratschläge aus der Nase zu ziehen, nur um herauszufinden, wie die Chancen für mich stehen. Oder was ich als Nächstes tun beziehungsweise nicht tun sollte. Oder wie ich diese E-Mail oder jene SMS wohl zu verstehen hätte. Oder wie man interpretieren könnte, was die betreffende Dame nach dem letzten Date zum Abschied schrieb, sagte oder tat. Und warum dies alles? Weil Ihr Frauen einfach erbärmlich mit uns kommuniziert!

Ein weiser, alter Mann hat mir einmal Folgendes verraten:

> *„Wenn eine Frau **nein** sagt, meint sie **vielleicht**. Wenn sie **vielleicht** sagt, meint sie **ja**! Und wenn sie **ja** sagt, hau besser ab, denn Klassefrauen sagen niemals **ja**."*

Ich hatte sogar irgendwann eine Freundin, die überhaupt nicht mit mir reden wollte und über Gefühle schon gar nicht! Wenn ich daran glauben würde, dass Frauen immer sagen, was sie fühlen, hätte ich die Dame nicht mal kennengelernt. Aber weil ich nicht aufgeben wollte, ging die Geschichte anders aus: Ich war über drei Jahre mit ihr zusammen.

Irgendwie ist es eine Ironie des Schicksals, dass es gerade Männern (den angeblich so schweigsamen, spröden Wesen, die gar niemals ihr Herz auf der Zunge tragen wollen) immer öfter passiert, dass sie an Frauen geraten, die ihren Gefühlen weder verbal noch in anderer Form Ausdruck verleihen können. Haben die Mädels von heute einfach keinen Bock mehr auf Romantik? Sind die Frauen von heute auf dem Weg, zu verlernen, wie man ein klares Bekenntnis abgibt?

Du brauchst mir diese Fragen eigentlich gar nicht zu beantworten, denn da ich auch andere Beziehungen in meinem Leben führte, die keineswegs so schweigsam vonstattengingen, weiß ich mit relativ großer Sicherheit festzulegen: Jedes neue Kennenlernen birgt meist eine völlig neue Erfahrung! Und niemals lassen sich Beziehungen nach einem auch

ÜÜÜBEN! ÜÜÜBEN! ÜÜÜBEN!...
?

nur annähernd gleichen oder ähnlichen Muster beginnen, verhindern oder beenden. Denn Menschen mögen vielfach auf die eine oder andere Art und Weise „typisch" sein, aber sie handeln stets nach ihren ganz persönlichen bisherigen Lebens- und Liebeserfahrungen. Und die sind weiß Gott einzigartig und lassen sich demnach auch niemals berechnen.

Ich selbst habe teils langjährige Beziehungen geführt, „jemanden lieb gehabt" oder war in meinem Leben unzählige Male über die Maßen verknallt. Ich habe begehrt, ich habe mein Herz verschenkt und mich bis zur Selbstaufgabe verzweifelten Kompromissen hingegeben. Ich habe für Frauen schon gesungen, geschrieben, gezeichnet, gedichtet und für Gott und Vaterland auf sie eingeredet.

Und manchmal habe ich auch gar nichts getan und dennoch von ganzem Herzen geliebt.

Mein Tipp, liebe Dani: Komplikationen beim gegenseitigen Kennenlernen gab es immer und wird's wohl immer geben. Und der Mann, der Dich dreimal versetzt, ist vielleicht zehnmal geeigneter, Dich für immer glücklich zu machen, als jener, der Dir täglich Rosen schickt.

Letztlich gibt es kaum Gewissheiten und schon gar keine allgemein gültigen Weisheiten, die sich aus dem eigenartigen und unterschiedlichen Paarungsverhalten von Männchen und Weibchen ziehen ließen.

Schwierig, oder? Und genau DARUM sooo spannend ...!

Bussal,

*R.*

# Schlechtes Gewissen, gute Ausreden

> *„Wenn die Leute jemanden zu einer Dummheit verleiten wollen, dann sagen sie: Sei doch vernünftig!"*
>
> *Arthur Miller*

*Lieber Robert,*

einige der letzten Kapitel haben gezeigt, dass Männer eher einfach gestrickt sind (worum wir Euch dann und wann sogar beneiden!) und meistens nach einem recht simplen Muster funktionieren. Sagt Ihr JA, meint Ihr JA; sagt Ihr NEIN, bedeutet das nichts anderes als: NEIN! Du hast uns Frauen mit Deinen Erklärungen unheimlich viel Zeit geschenkt. Zeit, die wir früher damit vergeudet hätten, uns zu überlegen, ob ER eventuell JA denkt, obwohl er soeben mit NEIN geantwortet hat (weil er uns vielleicht nicht verletzen möchte, weil er sich gerade nicht so gut fühlt, weil er sich wünscht, dass wir sensibler mit ihm umgehen und von allein draufkommen, was er will). Robert, Du hast völlig Recht: So denken nur wir Frauen! Seit ich Euer Verhaltensmuster durchschaut und beinahe schon lieb gewonnen habe, ist mein Umgang mit dem männlichen Geschlecht ein völlig neuer, geprägt von einer herrlichen Leichtigkeit!

Es gibt allerdings eine Ausnahmesituation und ich wäre keine Frau, würde mir diese – neue Leichtigkeit hin oder her – nicht sogleich in den Sinn kommen: DAS SCHLECHTE GEWISSEN. In diesem Fall tickt Ihr anders! Ein schlechtes Gewissen setzt alles außer Kraft, was wir bisher über Euch erfahren haben! Ihr handelt dann nämlich nicht auf Eure gewohnte Art und Weise, sondern so, wie Ihr Euch vorstellt, dass wir Frauen gerne hätten, dass Ihr handelt! Sofort werden wir hellhörig, was der Grund dafür ist, dass diese Strategie meistens mächtig in die Hose geht.

Ihr seid auf einmal wahnsinnig gesprächig, obwohl wir Euch sonst jedes Wort aus der Nase ziehen müssen? Uiuiui – da ist was im Busch!

Ihr reißt Euch förmlich um Aufgaben wie Kochen, Kinder in die Schule fahren, Müll raustragen, Staubsaugen und wollt am Samstagnachmittag mit uns shoppen gehen? Mein Freund, was hast Du angestellt?

Und dann noch die berühmte Blumen-Nummer, die sowieso schon jede Frau in- und auswendig kennt, von Euch in brenzligen Situationen aber immer noch gerne eingesetzt wird. Spätestens also, wenn Ihr mit einem prächtigen Strauß Rosen aufkreuzt (obwohl kein Geburtstag, Namenstag, Jahres- oder Hochzeitstag ansteht), ist klar: IRGENDETWAS STIMMT NICHT!

Nehmen wir den Blumenstrauß nicht kommentarlos hin, sondern fragen wir nach, lauft Ihr zur Höchstform auf.

Blumig, ausführlich, in den schillerndsten Farben verfasst Ihr das, was Ihr für eine kunstvolle, intelligente und einleuchtende Antwort haltet.

Nie seid Ihr kreativer (mal abgesehen von denjenigen unter Euch, die Ihr täglich Brot als Musiker, Maler, Schriftsteller, Werbetexter, Designer verdient) als in Situationen, in denen Euch das schlechte Gewissen plagt.

Das Ergebnis: mal mehr, mal weniger glanzvolle Ausreden:

- „Warum ich nicht erreichbar war? Ich habe mein Handy im Auto vergessen." (der Klassiker)
- „Warum ich nicht erreichbar war? Ich war auf dieser Party und bin auf dem Sofa eingeschlafen." (Eingeschlafen? Fragt sich nur: mit wem!)
- „Warum ich nicht erreichbar war? Der Akku war leer." (Sprach der Mann, der sein Handy sogar im Fitnessstudio immer in greifbarer Nähe hat, damit er nur ja keinen Anruf verpasst.)
- „Warum ich nicht erreichbar war? Mein Handy war plötzlich weg, ich dachte schon, jemand hätte es mir gestohlen, aber nach fünf Stunden hab ich es zum Glück wiedergefunden!" (gähn!)
- „Warum ich nicht erreichbar war? Ich habe mein Handy in der Tasche meiner Jacke vergessen, die ich wiederum an der Garderobe abgegeben habe. Leider konnte ich den Garderobenzettel nicht mehr finden. Aber nachdem ich ungefähr eine Stunde lang mit der Garderobendame diskutiert habe, hat sie mir meine Jacke dann auch ohne Zettel gegeben." (wow!)
- „Wo ich mir den Pilz geholt habe? Kann ich mir auch nicht erklären. Wahrscheinlich im Schwimmbad!" (Du gehst SCHWIMMEN??)
- „Von wem die Kratzer auf meinem Rücken stammen? Na, von der Katze meines Freundes XY!" (Interessant. Du besuchst Deinen Freund und ziehst Dich dort gleich aus?)
- „Warum ich nicht mit Dir schlafen möchte? Du weißt ja – ich habe gerade solche Probleme im Büro und deswegen habe ich zurzeit einfach nicht den Kopf

für Sex und so ..." (Dafür habe ich prinzipiell Verständnis, aber in diesem Fall ...) Acht Wochen später: „Warum ich immer noch nicht mit Dir schlafen will? Ich würde ja so gerne (!), aber Du weißt ja, ich habe zurzeit solche Probleme im Büro und kann einfach nicht abschalten ..." (... trägt das „Problem" wahrscheinlich einen Frauennamen.)

- „Wie es sein kann, dass in unserem Bett ein gebrauchtes Kondom liegt? Das ist mir jetzt echt peinlich. Aber na ja, ich habe es mir selbst besorgt und wollte nichts schmutzig machen!" (harharhar!)
- „Warum ich in letzter Zeit mit dem Kopf immer woanders bin? Mein Chef macht mir so einen Druck ..." (Welcher Chef? Die Firma gehört DIR!)
- „Ich habe Deinen Geburtstag vergessen?! Tut mir so leid, aber ich habe zurzeit so einen Stress in der Firma, mein Chef verlangt die ärgsten Sachen von mir!" (... und wieder einmal muss der arme Chef herhalten.)
- „Warum ich meinen Ehering nicht trage? Ich habe eine Allergie!" (Genau!)
- „Wer diese Jenny ist, die mir ständig diese komischen SMS schreibt? Eine Freundin meines Bruders! Sie hat wohl die falsche Nummer eingespeichert!" (aha!)
- „Wer diese Inga ist, die mir ständig diese komischen SMS schreibt? Inga heißt in Wirklichkeit Ingo und ist ein Mann. Wie – Du kennst Ingo gar nicht! Ich habe ihn vorletzte Woche im Baumarkt kennengelernt – habe ich Dir nie von ihm erzählt?" (Für wie blöd hältst Du mich eigentlich?)
- „Warum ich mich nie wieder gemeldet habe? Ich wollte ja, aber ich war total im Stress." (Unkreativ, aber immerhin halb ehrlich.)
- „Woher ich diesen Knutschfleck habe? Den hab ich mir selbst gemacht. Ich wollte mal sehen, ob ich das kann!" (Selbst ist der Mann!)
- „Warum ich gestern Abend so betrunken war? Mein Freund XY hat mich praktisch dazu gezwungen!" (Seit wann ist Dir Dein eigener Wille abhanden gekommen?)
- „Warum ich gestern Abend so betrunken war? Der Kellner hat mir immer nachgeschenkt und ich habe es nicht einmal bemerkt!" (oje!)
- „Wo ich mich die ganze Nacht herumgetrieben habe? Ich war mit Freunden essen und auf einmal ist mir so schlecht geworden, dass ich zu meinem Freund XY mitgefahren bin, dort hab ich mich aufs Sofa gelegt und später war es dann schon viel besser." (?!?)
- „Wo ich gestern Abend war? Mein Bruder hatte Liebeskummer und ich musste ihn trösten!" (Seit wann führst Du mit Deinem Bruder Frauengespräche?)

- „Warum ich schon wieder zu spät komme? Ich hatte noch einen wichtigen Termin!“ (Am Samstagnachmittag?)
- „Warum ich schon wieder zu spät komme? Mein Auto ist nicht angesprungen!“ (unkreativ)
- „Warum ich schon wieder zu spät komme? Meine Uhr ist kaputt!“ (Kein Kommentar)
- „Warum ich schon wieder zu spät komme? Der Tank meines Autos war leer, jetzt musste ich ein Taxi rufen, mit dem Taxi zur nächsten Tankstelle fahren, einen Kanister mit Benzin kaufen, mit diesem dann zurück zu meinem Auto …“ (Kompliment für die nette Geschichte)
- „Warum ich Dich gestern versetzt habe? Mein Hund/Kind/Goldfisch/Kanarienvogel/Auto/Kühlschrank/bester Freund/Computer … war krank!“ ( … und das Telefon tot?)

Und zum Schluss der Knüller:

- „Wo ich heute Nacht war? ICH HABE ES VERGESSEN.“ (!!!!!!!!!!!!!!!!!!!!!!!!!!!!!!!!!!!!!!!!)

Zwei Punkte stimmen mich nachdenklich:

1. Jede einzelne dieser Ausreden hat tatsächlich das Sprechorgan diverser Männer verlassen und wurde den verschiedensten Frauen als plausible Erklärung verkauft (zum Glück nicht alle mir!).

2. Die meisten dieser Rechtfertigungen haben ihre Wirkung nicht verfehlt: Wir haben sie geschluckt. Bei manchen haben wir zwar lange gezweifelt, aber irgendwann sind alle Frauen (einschließlich meiner Wenigkeit) zu der Erkenntnis gelangt, dass ihr Mann niemals in der Lage wäre, eine derartig gute Geschichte zu erfinden. Unglaublich, was wir glauben, wenn wir es glauben wollen!

Völlig naiv sind wir aber zum Glück doch nicht: Spätestens nach mehreren Diskussionsrunden mit anderen Frauen haben wir Eure kleinen Lügen auch als solche identifiziert. Auf manche Schwindeleien sind wir sogar ganz von allein (ohne Hilfe der besten Freundin) draufgekommen. Unmittelbar vor oder irgendwann nach der Trennung. Unglaublich, was wir nicht glauben, wenn wir es nicht mehr glauben wollen!

*Daniela*

PS: Übrigens DANKE an Dich und Deine Geschlechtskollegen! Über manche Eurer Ausreden haben meine Freundinnen und ich, nachdem genügend Zeit vergangen war und die Wunden verheilt waren, stundenlang gelacht. Wie heißt es so schön? Komödie ist: Tragödie plus Zeit!

PPS: Apropos schlechtes Gewissen: Ich bin mal wieder an meinem wunden Punkt angelangt, an dem ich mir ganz ernsthaft die Frage stelle, ob wir das Buch wirklich schreiben sollen. Ist die Wahrheit den Lesern zumutbar? Und: Schieße ich mir nicht selber ins Knie, wenn ich den Herren der Schöpfung gleich höchstpersönlich einen Ausredenkatalog mitliefere??!!

*Ach, Dani,*

das mit dem schlechten Gewissen (und dass Männer einfach schrecklich mies lügen, wenn sie ein ebensolches verspüren) ist so eine Sache. Wie ich Dir ja schon ausgiebig zu verstehen gegeben habe, ist die Untreue der Jungs keine Charakterschwäche, sondern eine Eigenschaft der männlichen NATUR! Sie lässt sich also meist nicht verhindern oder nur sehr schwer unterdrücken, sodass es eben einmal (einmal ist keinmal, verdammt!) passieren kann, dass Dein Typ sich anderswo vergnügt. Und mit irgendeinem Spezialsinn, den der liebe Gott – vielleicht ist der ja wirklich eine Frau? – Euch Mädels mitgegeben hat, kommt Ihr natürlich so rasch wie todsicher hinter das dunkle Geheimnis. Jetzt wird's in der eigenen Beziehung meist so richtig schmerzhaft und natürlich furchtbar eng, denn wer will sich schon von seinem Partner betrügen lassen! Aber weil Rache ja auch etwas Schönes ist, kostet Ihr den Vorteil innerer Gewissheit klarerweise voll aus und konfrontiert uns – meist hinterrücks und in völlig harmlose Fragen verpackt – mit unserer eigenen Jämmerlichkeit, dem BETRUG!

Natürlich sind wir nicht blöd und riechen die Lunte, was einen schon einigermaßen nervös machen kann ... und wir beginnen automatisch zu stammeln, zu schwitzen oder haarsträubenden Unsinn zu verzapfen, der sicherlich für Gelächter auf so manchem Damenklo sorgt, aber never ever den männlichen Hals vor der weiblichen Schlinge rettet. Und dann? Schluss (bisweilen sogar Schuss)! Aus! Ende der Beziehung (oder ewige Sklaverei)!

So, und das soll die Wahrheit sein, Mädels? Glaubt Ihr denn wirklich, dass Männer derart schlecht schwindeln? Denkt Ihr tatsächlich, dass ein Mann, der meisterhaft und ohne mit dem Schnauzer zu zucken, seinen Chef, seine Kollegen oder – falls er Politiker ist – sogar eine ganze Nation belügt, für eine simple, einigermaßen glaubwürdige Schwindelei gegenüber seiner Partnerin zu blöd ist? GLAUBT IHR DAS???

Eben. Es kann gar nicht sein, denn so ein nervenschwacher Idiot ist kaum einer von uns.

Der Hintergrund, warum wir der Frau oder Freundin gegenüber ins Stocken, Stammeln und Schwitzen geraten, ist ein ganz einfacher:

**WIR MÄNNER KÖNNEN NIEMALS BELÜGEN, WEN WIR ABGÖTTISCH LIEBEN!**

Die Nervosität gegenüber der eigenen Partnerin angesichts einer aufgedeckten, winzigen, völlig unbedeutenden Affäre ist doch einfach nur die Reaktion eines **liebenden Herzens**!

Wenn wir hingegen Menschen anlügen, die uns egal sind, an denen uns nichts, aber auch gar nichts liegt, geschieht dies ja ausschließlich mit dem **Kopf**! Alles klar?

Und so erklärt sich, dass wenn … hey! Sag mal … LACHST DU ETWA???

Hmpf.
Ciao.

*Robert*

PS: Jetzt haben wir schon mal angefangen. Natürlich schreiben wir weiter. Denk an die Kohle!

# Das Shopping-Gen

> *„Jeder Versuch, den Himmel auf Erden zu schaffen, produzierte stets die Hölle."*
>
> *Sir Karl Popper*

*Lieber Robert,*

man sagt uns Frauen ja eine gewisse Lust am Einkaufen nach. Nun, ich gebe zu: An diesem Gerücht könnte schon etwas dran sein …

Die Gründe für unseren Spaß am Erwerben neuer Dinge sind vielfältig:

GRUND 1: DIE KOMMUNIKATION. Einkaufen ist eine unheimlich kommunikative Angelegenheit. Eine Frau hat meist ein oder zwei (oder mehrere) Lieblingsgeschäfte. So manche Verkäuferin wächst einem im Laufe der Jahre richtiggehend ans Herz, es ist deshalb immer wieder eine helle Freude, sie wiederzusehen. Während wir also die neuesten Röcke, Blusen, Hosen, Kaffeetassen, Möbel und Bücher begutachten, tauschen wir uns aus. Ein neues Kind, ein neuer Lebensabschnittsgefährte, eine neue Wohnung, ein neues Lieblingshobby, eine neue Lieblingsfarbe, eine neue Regierung, ein neuer Schuhtrend, irgendetwas gibt es immer zu besprechen. Es geht oft also nicht primär darum, ein neues Kleidungsstück zu erstehen. Es geht vielmehr darum, zu prüfen, ob unser soziales Netz noch intakt ist, die eigene kleine Welt noch steht.

Es mag für männliche Ohren vielleicht verrückt klingen, aber die Boutique unseres Vertrauens schafft es immer wieder aufs Neue, uns ein Gefühl der Wärme, des Geborgenseins, des Verstanden- und Gebrauchtwerdens zu vermitteln. Und so verlassen wir besagtes Geschäft nicht nur mit einem neuen Kleid und einem guten Buch, sondern auch mit einem frisch aufpolierten Selbstbewusstsein. Das ist nicht oberflächlich, sondern ein ganz natürliches menschliches Bedürfnis! Faustregel: Alles ist erlaubt, wonach man sich besser fühlt!

GRUND 2: CARPE DIEM! Meine gute Bekannte M. lebt nach dem Motto: „Zieh Dich jeden Tag so an, als wäre es Dein letzter Tag!" Und Recht hat sie! Wenn ich vielleicht morgen sterben muss, will ich heute wenigstens noch einmal mein Lieblingskleid getragen und mich in meiner Wohnung so richtig wohl gefühlt haben! Wer danach strebt, jeden Moment zu einem besonders wertvollen zu machen, ist natürlich ständig auf der Suche nach Dingen und Aktivitäten, die das Leben verbessern. Deshalb fahnden wir permanent nach der perfekten Creme, dem perfekten Lesestoff, dem perfekten Parfüm, dem perfekten Paar Winterstiefel, dem perfekten Sofa, dem perfekten Bilderrahmen. Natürlich ist uns klar, dass wahre Schönheit von innen kommt. Die Möglichkeiten, diese innere Schönheit von außen ein wenig zu unterstützen, wollen wir jedoch nicht ungenützt lassen.

Außerdem: Ein bisschen Luxus steht jedem gut!

GRUND 3: DIE SELBSTBELOHNUNG. Da unser Einsatz, mit dem wir tagtäglich ans Werk gehen, von unserem Umfeld oftmals nicht wahrgenommen und schon gar nicht ausreichend honoriert wird, müssen wir uns eben hin und wieder selbst eine Kleinigkeit schenken. Warum auch nicht? Wenn das Leben gerade keine anderen Highlights zu bieten hat (kommt phasenweise vor), kann ein kleiner Einkaufsbummel wahre Wunder vollbringen. Neue Jeans rufen in uns den Wunsch hervor, hinauszugehen und die Welt zu erobern. Außerdem machen Jeans, indem unsere Beine lang wirken und unser Hinterteil klein aussieht, unheimlich glücklich und gute Laune steckt bekanntlich an: Sind wir glücklich, seid Ihr es also auch!

GRUND 4: DAS WAHRE ICH. Unsere Persönlichkeit entwickelt sich – im Idealfall – ständig weiter und unsere innere Einstellung drücken wir gerne durch Kleidung aus. Also muss auch unser Stil mitziehen! Fazit: Ändert sich die Sicht der Dinge, müssen wir style-technische Zeichen setzen. Daher brauchen wir ständig neue Kleider, Hüte, Schuhe, Taschen, Sonnenbrillen.

Außerdem kommt fast jede Frau im Laufe ihres Lebens zu dem Punkt, an dem sie sich fragt: Welcher Typ bin ich? Der klassisch-elegante? Der sportliche? Der alternative oder doch eher der romantisch-verspielte?

Stell Dir also vor, Du hast Dich bis jetzt immer als der absolute Jeans- und T-Shirt-Typ gesehen (und Dich auch so gekleidet) und plötzlich entdeckst Du Deine weibliche Seite und kommst drauf, dass sich in Deinem Kleiderschrank ausschließlich Hosen befinden. Jetzt gibt es exakt zwei Möglichkeiten: Entweder ignorierst Du den femininen Teil in Dir oder Du ziehst los und kaufst Dir einen Rock.

Andere Situation: Deine beste Freundin schenkt Dir zum Geburtstag eine Farb- und Stilberatung, wo sich herausstellt, dass Du ein sogenannter „Herbst"-Typ bist, dem am besten Naturtöne wie braun, schlammfarben, olivgrün oder beige stehen. Und welche Farbe schreit Dich an, wenn Du Deinen Kleiderkasten öffnest? Dich blass machendes SCHWARZ! Ein absolutes Worst Case-Szenario! Abhilfe schafft eine ausgiebige Shoppingtour, die zwar die Kreditkarte zum Glühen, dafür aber Deinen Teint zum Strahlen bringt. JA, der Weg zum perfekten Stil führt eben auch über einen verständnisvollen Kundenbetreuer der Bank Deines Vertrauens!

GRUND 5: LIEBESKUMMER. Dein trauriges Herz und Dein geknicktes Selbstwertgefühl haben Dich schwer im Griff und Dein inneres Ich sitzt weinend in einer dunklen Ecke? Da hilft nur eines: Bring wenigstens Dein äußeres Ich zum Strahlen! Wenn es die Männer gerade nicht gut mit Dir meinen, musst Du es umso mehr tun! Kauf Dir ein neues Oberteil, geh zum Friseur und gönn Dir eine Fußmassage. Danach wirst Du Dich im Spiegel betrachten und einen richtig scharfen Feger sehen. Dein inneres Ich wischt sich die letzten Tränen ab, Du lächelst Dich an und bist Dir auf einmal ganz sicher: Irgendwann wird sich wieder jemand in Dich verlieben! Und diese Erkenntnis führt uns geradewegs zu

GRUND 6: EINE NEUE LIEBE … ist ja bekanntlich wie ein neues Leben. Und ein neues Leben schreit wonach? Genau! Nach neuen Klamotten! Glücksgefühle heißt man am besten in einem schönen Kleid willkommen! Aber selbst im Rausch der Gefühle hören wir nicht zur Gänze auf, praktisch zu denken. Lädt uns unser neuer Liebster auf eine kleine Wochenendreise ein, fangen wir an zu grübeln. Was ziehe ich wann an? Welche Aktivitäten sind geplant? Benötige ich festes Schuhwerk oder High Heels – oder beides? Was für Euch später wie zufällig aussieht, wird von uns vorher gut durchdacht und geplant. Leider enden derartige Überlegungen meist in purer Verzweiflung: Das passende Kleidungsstück ist (noch) nicht in unserem Besitz! Aber glücklicherweise wissen wir immer, wo wir es kaufen können.

In manchen Lebenslagen muss eine Frau eben tun, was eine Frau tun MUSS!

Außerdem wird unser Leben von einem erstaunlichen Phänomen begleitet: Je mehr im Kleiderschrank hängt, desto weniger hat man anzuziehen!

*Daniela*

*Liebe Daniela,*

ich möchte mich an dieser Stelle erst einmal bei all jenen Geschäften für Damenmoden bedanken, die sich den Extraaufwand von BEQUEMEN SITZMÖBELN zur Verschönerung ihrer Innenausstattung geleistet haben. Sie erweisen der – von ewigen Wartezeiten auf das richtige Kleid, den passenden Stöckelschuh oder den schönsten BH zu Tode ermüdeten – Männerwelt einen geradezu unschätzbaren Dienst!
Danke! Danke! Danke!

Ich kann in diesem Buch genauso wenig für *alle* Männer sprechen wie Du für alle Frauen, aber mir scheint doch eines sehr gewiss zu sein: Die von Dir angesprochene Leidenschaft für ausgiebiges Shoppen ist eine wirklich typisch weibliche Eigenschaft. Und der einzige, allerdings sehr fatale Fehler der Frauen dabei ist nur jener, uns Männer zum Einkaufen mitzunehmen! Denn es lässt sich sicherlich auf jeden Bereich des Lebens anwenden, dass, wenn eine hingebungsvolle Passion auf völlig fehlende Leidenschaft trifft, stets ein sehr explosives Konfliktpotenzial entsteht. Um also nachvollziehen zu können, wie ein Mann über das Shoppen denkt, möchte ich mich selbst gerne als typisches Fallbeispiel anbieten:

Nehmen wir an, Robert braucht neue Jeanshosen. Dann ist das prinzipiell schon mal sehr schlecht, denn Hosen muss man auf äußerst komplizierte Art und Weise anprobieren, bevor man damit zur Kasse schreitet. Während ich mir zum Beispiel ein neues Hemd einfach an die Brust halte oder schnell vor dem Spiegel über mein T-Shirt ziehe, verlangt das Anprobieren einer neuen Hose das Ausziehen der alten in einer meist sehr engen Kabine. Um das zu bewerkstelligen, muss ich aber zuerst einmal die Schuhe ausziehen, was bei geschnürten Exemplaren extrem mühsam ist, weil ich sie ja nachher wieder zubinden muss etc.

Kurz: Anders als Frauen, die nur dann übellaunig vom Shoppen kommen, wenn sie nichts gefunden haben, bin ich schon VOR dem Einkaufen derart mieser Stimmung, dass man mir besser nicht zu nahe kommt, was für fesche Verkäuferinnen übrigens nur bedingt gilt, außer ich bin mit meiner Freundin gemeinsam eine Hose für mich einkaufen, aber dann ist es überhaupt eine Katastrophe, weil unsere weiblichen Begleiterinnen ja eher (vor allen Leuten) neugierig, ob die Hose passt, den Vorhang der Umkleidekabine aufziehen und uns (in unseren Unterhosen!!) so der Öffentlich- und Lächerlichkeit preisgeben, anstatt ein gutes Werk zu tun und sich gemeinsam in der Kabine mit uns auszuziehen, aber das gibt's wohl nur in billigen Pornos und nicht beim schnöden Einkaufen einer neuen Jeanshose, und irgendwie ist das alles sehr ärgerlich.

Robert geht also meist ALLEIN einkaufen, weil da die Gefahr, dass aus dem geplanten Erwerb einer neuen Hose für Robert der Aufkauf eines halben Damenmodengeschäfts für Roberts Freundin wird, deutlich eingeschränkt ist. Und das erledige ich meistens so: Ich rufe im Herrenmodengeschäft meines Vertrauens an und sage, dass ich gleich vorbeikomme und was ich brauche. Da wartet dann auch schon der Verkäufer auf mich, der liebenswürdigerweise die Zeit meiner Anfahrt zum Store gut genutzt hat, um verschiedene Hosen in der richtigen Größe bereitzulegen. Ich sage schnell und herzlich „guten Tag“ und schlüpfe zuerst aus den Schlüpfern, die ich zum Hoseneinkauf klugerweise meinen Schnürschuhen vorgezogen habe, und zwänge mich in meine neuen Jeans. Die passen natürlich perfekt, was dem klugen Verkäufer zu verdanken ist, der mich und vor allem meine Konfektionsgröße ja kennt. Ich trete vor die Kabine, drehe mich einmal im Kreis, lasse den hervorragenden Sitz meiner neuen Hose loben und behalte sie darum der Einfachheit halber gleich an, denn wozu wieder in die alte steigen?

Und jetzt kommt ein ganz wichtiger Punkt: Clever und vorausschauend, wie man in meinem Herrenmodengeschäft zu agieren gelernt hat, liegen bereits mehrere Hosen in derselben (meiner!) Größe und Fasson bereit! Aus dieser schmucken Auswahl greife ich mir jetzt mit sicherem Geschick jene Farben, die mir angenehm erscheinen, und kaufe statt einer Hose … DREI Hosen! Womit ich mir, glücklich und zufrieden, zweimal Einkaufen erspare.

Ebenso verfahre ich bei Schuhen, Leibchen, T-Shirts und Hemden. Und wenn ich einmal (zufällig) in einer Auslage etwas entdecke, das meine modische Leidenschaft weckt, gehe ich in das Geschäft, probiere das Kleidungsstück an … und wenn es passt, nehme ich es mit. Will sagen: Schneiderarbeiten, Änderungen, das Bestellen anderer Größen im Zentrallager oder anderen mühsamen Quatsch wie das Durchforsten anderer Geschäfte auf der Suche nach einem ähnlichen Stück in anderer Größe oder Preislage GIBT ES BEI MIR NICHT!

So, jetzt weißt Du, wie ein Mann am liebsten einkauft. Und jetzt sag doch bitte selbst: So einen willst Du mit zu Deinem geliebten Shopping nehmen? Mit so jemandem möchtest Du diesen Hochgenuss weiblichen Zeitvertreibs teilen? Hat denn nicht irgendeine beste Freundin Zeit, Dich zu begleiten?

Bitte nicht. Habt ein wenig Gnade. Zeigt ein bisschen Mitleid. Und lasst uns einfach zu Hause. Wenn Ihr heimkommt, sagen wir dann auch garantiert das, was Ihr hören wollt: *„Baby, das passt Dir großartig … (hechel!) … bitte zieh es aus!“*

Alles Liebe,

*Dein Robert*

# Schokomund und Schwabbelbauch

*„Eine Versuchung ist dazu da, dass man ihr nachgibt."*

*Madonna*

*Lieber Robert,*

wir Frauen wären keine richtigen Frauen, hätten wir nicht einen ausgeprägten Hang zu ungeschminkter Selbstkritik. So großzügig wir Euch gegenüber sein können, so streng sind wir zu uns. Besonders, wenn es um unseren Körper geht. In jeder Gazelle wohnt eine kleine Wuchtbrumme. Soll heißen: Selbst wenn wir in den Augen unserer Außenwelt absolut perfekt aussehen, fühlen wir uns noch immer zu dick. „Ich bin sehr zufrieden mit mir, aber zwei, drei Kilo weniger würden mir nicht schaden!" Wie oft habe ich diesen klassischen Frauensatz gehört? Wie oft ihn selber ausgesprochen? Der Blick in den Spiegel kann uns so richtig den Tag verderben. Mehr noch als in Grau gehaltenes Schmuddelwetter. Wir finden unsere Nase zu groß, den Busen zu klein, das Hinterteil zu flach, die Beine zu kurz, die Zähne zu schief, die Haare zu wenig voluminös. Aber vor allem finden wir unser Gewicht alles andere als ideal. Wir sind meistens zu dick, selten zu dünn.

Es ist traumhaft, eine Frau zu sein. Geht es jedoch ums Essen, hat der Spaß ein Ende!

Der Weg einer Frau in den Himmel führt über ihr Idealgewicht. Leider kommen wir auf dieser Reise an unzählig vielen Tafeln Schokolade, Puddings und Torten vorbei. Duftende Pasta säumt unseren Weg ebenso wie Berge von herrlichem Käse, zartem Fleisch und knusprigem Brot. Es riecht nach Honig, Vanille, Zimt und Zucker, nach gebratenem Fisch und frischen Kräutern.

Wir befinden uns in einer lebenslangen Zwickmühle: Wie kann ich ein genussbegabter und gleichzeitig schlanker Mensch sein?

Es klingt ganz logisch: Wer weniger Kalorien in sich reinstopft, nimmt weniger zu. Aber mit Logik geben wir uns nicht zufrieden. Nicht in diesem Fall. Eine völlig unlogische und doch effiziente Lösung muss her! Wie hole ich das Maximum an Genuss heraus und nehme ein Minimum an Gewicht zu? Das ist die entscheidende Frage.

Und so fahnden wir nach der Schokolade, die am wenigsten dick und trotzdem glücklich macht, nach dem fettärmsten Käse und dem „leichtesten" Cocktail.

Wir wandeln ein langes Frauenleben lang auf dem Grat zwischen Genuss und Verzicht. Wahre Meisterinnen der Genuss-Verzicht-Balance kommen nie an den Punkt, an dem sich lukullische Freude in schlechtes Gewissen verwandelt. Sie greifen sehr wohl zu Schoko und Co, verschlingen aber niemals gleich eine ganze Tafel. Kluge Mädchen wissen ganz genau: Die süße Schweinerei verweilt sieben Sekunden auf der Zunge, sieben Stunden im Magen – und sieben Monate auf den Hüften.

Es ist Segen und Fluch zugleich, als das „schöne" Geschlecht zu gelten. Natürlich ist es schön, wenn man für „schön" befunden wird. Aber auch verdammt anstrengend. Krautsuppen-Diät, Kohlehydrat-Verzicht, Zucker-Verbot, Dinner-Cancelling, Trennkost, Kalorien und Fettgehalt. Proteinshakes und Süßstoff. Ein Dschungel, in dem man leicht den Überblick verliert und schwer das Selbstbewusstsein behält

Warum tun wir uns das alles an? Ganz einfach: Wir wollen uns gefallen – und Euch natürlich auch! Denn, ganz ehrlich: Wenn einen – außer man selbst – niemand schön findet, ist das auch nicht das Wahre. Schließlich fungieren die Menschen, die uns tagtäglich umgeben, als Spiegel. Und für das Zuwerfen bewundernder Blicke, die unsere Seele so herrlich nähren und unser kleines Ego ein wenig aufmuntern, seid vor allem IHR zuständig. Leider beherrscht Ihr es ebenso gut, unser Ego in die Wüste zu schicken. Es ist ganz und gar nicht lustig, wenn Dich der Mann Deines Herzens „liebevoll" in die Seite zwickt und Dich „so schön weich" findet. Oder feststellt, dass Du zugenommen hast.

Es ist auch nicht gerade einfach, es Euch recht zu machen. So viele Männer es gibt auf dieser Welt – so viele Geschmäcker.

Mann X will uns möglichst schlank und rank, Mann Y hat es gern ein wenig fülliger. Mit dem einen bist Du ständig auf Diät und beim Sport, der andere lädt Dich auf ein Speckbrot ein. Die Erinnerung an so manchen Mann verblasst mit der Zeit. Aber ein Detail vergisst man nie: Habe ich in seiner Gegenwart gefastet oder geschlemmt?

Der Weg einer Frau in den Himmel führt über ihr Idealgewicht. Jedoch: Was heißt schon „ideal"?

Ich halte mich an Friedrich Nietzsche: „Der Laie glaubt, schön sei, was ihm gefällt."

Und manchmal an eine alte Frauenweisheit: „Nimm Dir einen dicken Mann. An seiner Seite wirst Du immer schlank aussehen!"

*Deine Daniela*

## *Ach, liebe Daniela!*

Ich kann Dich beruhigen. Nicht in Bezug auf eine (je nach Vorliebe) geformte Traumfigur, denn die wünscht sich ein Mann von seiner Partnerin definitiv. Aber in Bezug auf „Wunsch und Wirklichkeit" sehr wohl. Denn bei zwei Menschen, die sich mindestens einmal täglich nackt begegnen, kommt auch Mann nicht umhin, zuerst mal vor der eigenen Kühlschranktür zu kehren, bevor er irgendwelche Forderungen stellt!

Ich selbst entdeckte zum Beispiel an meinem 30. Geburtstag Eigentümliches: Pünktlich am 16. Mai 2003 bekam ich einen BAUCH. Kein

Witz, meine Hose ließ sich einfach nicht mehr schließen. Und als ich mich seitlich vor den Spiegel stellte, bemerkte ich doch tatsächlich, dass, gemessen an einer imaginären senkrechten Linie, mein Bauch noch vor der Brust selbige berühren würde. Natürlich diskutierte ich das den Geburtstag verderbende Faktum sofort mit einer ganzen Reihe meiner besten Freunde, von denen einer – schulterklopfend – lachte: *„Tja, mein Lieber: Frauen kriegen einen Arsch, Männer eben einen Bauch"*, während sein eigener bedrohlich über seinem Gürtel wippte!

Jetzt wollte es mein Schicksal, dass beruflicher Stress und private Verpflichtungen (zumeist Essenseinladungen, wie blöd!) den regelmäßigen Besuch eines hochmodernen Fitnesscenters (für das ich aber monatlich bezahle!) nicht zuließen, wodurch sich mein Gewicht bis heute um weitere 5 bis 6 kg erhöht hat. Das müsste mich eigentlich nicht weiter stören, da ich – geschickt gekleidet – bei einer Größe von 183 cm mit einem Gewicht von 86 kg immer noch als „sportlich" durchginge ... müsste ich mich nicht bisweilen abends entkleiden! Denn seit einem guten Jahr bin ich nämlich mit einer Frau liiert, die ihrerseits von der Natur mit einem fast *perfekten* Body gesegnet ist! (Sogar ein Sixpack ist vorhanden, was es mir ermöglicht, zumindest bei einer anderen Person zu genießen, was mir am eigenen Körper versagt bleibt.)

Und weil ich mich mit meinem Wohlstandsbäuchlein nun doch ein wenig geniere und weil ich weiß, dass nicht alle Männer, die einen steinhart definierten, ultrascharf trainierten Muskelkörper ihr Eigen nennen, schwul sind, habe ich jetzt zumindest schon mal in meinem Fitnesscenter *angerufen.*

Ihr Frauen könnt also aufatmen: Auch Mann ist körperlich in ordentlichem Zugzwang. Auch wir stehen vor dem Spiegel, ziehen angestrengt den Bauch ein und sind todunglücklich, sobald der Sauerstoffmangel uns zwingt, die verbrauchte Luft wieder auszuatmen und den vollen, schwabbeligen Umfang anzunehmen.

Aber eines haben wir ja von Euch gelernt: Gegen Unglücklichsein hilft meistens eine ordentliche, supersüße Ration SCHOKOLADE!

Und die pfeif ich mir jetzt mal ein.

Mahlzeit,

*Dein Robert*

# Die beste Freundin

> *„Man kann nicht nicht kommunizieren."*
>
> *Paul Watzlawick*

*Lieber Robert,*

wir haben auf den letzten Seiten schon sehr intensiv über Frauen und Männer nachgedacht, aber noch nie über Frauen und Frauen. Habt Ihr jedoch die Beziehung einer Frau zu ihrer Freundin nicht verstanden, kennt Ihr uns nicht. Frauen spielen in unserem Leben nämlich eine mindestens genauso große Rolle wie Männer – und vor allem meistens eine langfristigere!

Jede Frau hat eine beste Freundin. Das Gute an ihr: Sie ist universell einsetzbar. Als Spaßmacherin, Seelentrösterin, Tränentrocknerin, Jobcoach, Diskussionspartnerin, Reisebegleiterin, Blitzableiter, Beraterin in Beziehungsangelegenheiten, als gutes Gewissen und manchmal auch als schlechtes.

Ihr erzählen wir, was uns gerade am Herzen liegt, uns glücklich oder traurig macht. Mit der besten Freundin besprechen wir unsere berühmten Strategien und Schlachtpläne, mit ihr analysieren wir unsere Beziehung zu Euch und Euch als Mensch.

Bei ihr sind wir, wie wir wirklich sind, das ist vielleicht der größte Vorteil. Wir überlegen nicht, bevor wir etwas erzählen, sondern vertrauen ihr unsere intimsten Geschichten an und müssen nicht extra betonen, dass es sich dabei um ein Geheimnis handelt. Und: Im Gespräch mit der besten Freundin dürfen auch ruhig Worte unseren Mund verlassen, die uns vor jedem anderen unglaublich peinlich wären. Sie ist mit uns auf einer Wellenlänge und wir müssen nicht ständig erklären, wie wir was gemeint und warum wir dieses oder jenes überhaupt gesagt haben.

Die beste Freundin verzeiht sogar, wenn sie wegen eines Kerls zur Seite geschoben wird und in unserem Leben kurzfristig nur die zweite Geige spielt. Mit ihr diskutieren wir gesellschaftspolitische Ereignisse genauso wie den neuen

Haarschnitt von Brad Pitt. Mal ergründen wir unsere Seelen, mal gehen wir der Frage nach, welche Wimperntusche am längsten hält, ohne zu zerlaufen.

Die beste Freundin ist unser Spiegelbild, das wir alle brauchen, um uns weiterzuentwickeln. Sie hilft uns, herauszufinden, was gut für uns ist und was nicht. Verschweigen wir ihr etwas, ist dies ein sicheres Indiz dafür, dass uns das Ganze selbst nicht so geheuer ist. Die beste Freundin darf uns den Kopf waschen, wenn wir Blödsinn machen, und uns dezent darauf hinweisen, dass wir körperlich ein wenig aus der Form geraten sind. Sie weiß ganz genau, was wir hören wollen, wenn es uns schlecht geht und welche Farbe uns am besten steht.

Eine echte beste Freundin ist in glanzvollen Zeiten genauso für uns da wie in schlechten. Sie freut sich mit uns über Gehaltserhöhungen, Schwangerschaften, neue Wohnungen und Verliebtheiten und hilft uns wieder auf die Beine, wenn wir gestrauchelt sind. Sie möchte, dass es uns gut geht und versteht uns selbst dann noch, wenn kein anderer es mehr tut.

Meine beste Freundin C. und ich kennen einander seit unserem achten Lebensjahr. Mit sieben hatten wir den gleichen Turnanzug und den gleichen Traum-„Mann". Was heute – höchstwahrscheinlich – ein Problem darstellen würde, wirkte damals verbindend. Monogamie war eben ein Fremdwort und der Junge, in den wir verliebt waren, liebte uns BEIDE. Praktisch.

Mit zwölf ähnelten sich unsere (furchtbaren) Frisuren – unser Männergeschmack tat es zum Glück nicht mehr.

Mit zwanzig teilten wir uns eine Wohnung und auch das Schicksal, permanent pleite zu sein, was dazu führte, dass wir uns von Nudeln, Keksen und Senfbroten ernährten. In dieser Zeit führten wir eine Liste über die bei uns in Ungnade gefallenen Männer und täuschten eine lesbische Beziehung vor, wenn uns ein Anti-Mann zu nahe kommen wollte. Die „Senfbrot-Ära" war die Zeit der Irrungen und Verwirrungen, aber auch die der großen Träume, Wünsche und Hoffnungen.

Besagte Männerliste existiert heute nicht mehr, auch haben wir aufgehört, Senfbrote zu essen. Dafür sprechen wir eine eigene, verschlüsselte Sprache, operieren mit Codewörtern für gewisse Menschen und Situationen und warten oftmals gemeinsam darauf, dass ein Wunder passiert.

Die beste Freundin ist der Mensch, ohne den die Welt verdammt leer wäre. Daran können auch die anderen 6,6 Milliarden Menschen, die diesen Planeten bevölkern, nichts ändern. Denn das freudvollste Erlebnis ist nur die Hälfte wert, wenn man es nicht mit jemandem teilen und vor allem mit jemandem besprechen kann! Dieser Punkt ist für uns außerordentlich wichtig, sind wir Frauen doch ziemlich kommunikative Wesen – zumindest in den eigenen vier Wänden.

Es ist erwiesen, dass Frauen im privaten Bereich, also zu Hause und mit vertrauten Menschen, mehr sprechen als Männer (Männer ergreifen dafür häufiger in „öffentlichen" Situationen – zum Beispiel bei Diskussionen – das Wort).

Wenn wir uns also nach einem langen Arbeitstag mit Euch treffen, schwirrt uns so einiges durch den Kopf: das Erfolgserlebnis des Tages genauso wie eine verpatzte Präsentation und Stress mit Kollegen. Der Unterschied: WIR haben das Bedürfnis, darüber zu sprechen – IHR nicht. Ihr beschließt, dass es für heute sowieso zu spät ist, ein Problem zu lösen, UNS geht es gar nicht darum, das Problem zu lösen, wir möchten einfach nur darüber sprechen. So funktionieren wir Frauen eben. Es gibt nicht bloß Problem und Lösung, sondern Problem, Lösung und dazwischen viele lange Gespräche, in denen wir der Sache auf den Grund gehen. In denen wir uns in Frage stellen, unseren Job in Frage stellen, die ganze Welt in Frage stellen, nach Auswegmöglichkeiten suchen und uns in andere hineinversetzen. Da Ihr uns in diesem Prozess mit unseren Gedanken oft allein lasst und wir keinen Knopf im Gehirn bekommen wollen, wenden wir uns an die beste Freundin.

Mir ist klar, dass unsere Art, Probleme zu besprechen, in Euren Ohren wie Tratsch klingt. Im Gegenzug dazu hören sich Eure Männergespräche für uns wie „Schweigen" an. Wir sind einander nah, wenn wir miteinander reden, Ihr seid einander nah, wenn Ihr Euch miteinander betrinkt. Ihr versteht Euch – so scheint es – auch ohne große Worte.

Du kennst die Anekdote von den beiden Fischern? Zwei beste männliche Freunde gehen seit Jahren jeden Sonntag zusammen fischen. Sie treffen sich am Teich, werfen ihre Angeln aus – und stehen drei Stunden schweigend nebeneinander. Danach packen sie ihre Angelsachen ein und machen sich auf den Heimweg. Zu Hause angekommen, erzählen sie ihren Frauen, wie gut sie sich mit dem jeweils anderen verstehen. Auf die Frage der Frauen, worüber sie denn gesprochen hätten, antworten beide: „Wir haben gefischt!"

Nun, sagen wir so: Einer Frau könnte das nicht passieren. Verbringen wir mit einer Freundin drei Stunden, ohne ein Wort zu wechseln, gibt es dafür eigentlich nur drei mögliche Gründe. 1. Wir haben unsere Stimmen verloren. 2. Wir sind einem Schweigeorden beigetreten (kommt aber eher selten vor) und der dritte Grund fällt mir schon gar nicht mehr ein. Um es auf den Punkt zu bringen: Wir sind begeisterte Anhängerinnen der verbalen Kommunikation, denn Worte schaffen Nähe!

Natürlich klatschen wir gern und sind dem neuesten Tratsch nicht abgeneigt, aber ich denke, das Interesse für Neuigkeiten und die Verhaltensauffälligkeiten unserer Mitmenschen ist kein typisch weibliches Phänomen. Auch Männer besprechen die Eigenheiten ihrer Nachbarn und Kollegen und haben durchaus Spaß am neuesten Gerücht! Vielleicht finden wir unterschiedliche Inhalte spannend oder wählen für denselben Inhalt unterschiedliche Zugänge, aber das grundsätzliche Interesse am Geplänkel über andere haben wir gemein.

Ich finde, das Beste, das einem Mann passieren kann, ist eine Frau mit vielen intakten Frauenfreundschaften. Robert, hast Du schon einmal bedacht, dass die Freundinnen Eurer Frauen/Lebensabschnittsgefährtinnen unglaublich viel Last von Euren Schultern nehmen? Stell Dir vor, wir hätten keine Freundinnen und würden unsere Beziehungsprobleme ausschließlich mit Euch diskutieren. Oder mit Euch besprechen, wie wir in den nächsten zwei Wochen fünf Kilo loszuwerden gedenken. Und Ihr wollt wahrscheinlich auch nicht so gerne hören, was wir über Dehnungsstreifen, Orangenhaut und frühzeitige Faltenbildung zu sagen haben? Oder? Also hört auf, über die stundenlangen Telefongespräche mit unserer besten Freundin zu lästern – seid einfach nur dankbar, dass es diese Person gibt!

*Daniela*

## *Liebe Daniela,*

nun, ich möchte ja wirklich gerne glauben, was ich da lese. Aber was ich von „besten Freundinnen" oftmals so mitkriege, lässt mich an der … nun, wie soll ich sagen … QUALITÄT so mancher „Frauenfreundschaft" doch erheblichen Zweifel hegen!

Es ist nämlich bereits ein Klassiker in meinem zwischenmenschlichen Erfahrungsschatz, dass eine Lebensabschnittspartnerin, unmittelbar nachdem sie mir ihre „allerbeste Freundin" vorgestellt hat, folgende Informationen über die Gute preisgibt:

Aaaalso, *die Dame wäre nicht nur ihre allerallerallerliebste Freundin von Kindesbeinen an, sondern auch manchmal ein ziemliches*

*Luder. Sie bescheißt ihren Freund (pssst!), aber der ist eh ein Idiot und hat es ohnehin nicht besser verdient. Sie hat momentan ziemliche Probleme, weil ihre Periode schon seit Wochen ausbleibt. Aber vielleicht hat sie die Pille auch absichtlich vergessen, sie ist ja doch schon in dem gewissen Alter. Sie hatte als Kind übrigens schreckliche Ausschläge, am Rücken sieht man die Narben eh noch. Nein, niemals ließe sie etwas über das Mädel kommen, sie ist ja ihre allerbeste Freundin, sie gingen gemeinsam schon durch dick und dünn. Apropos „dick". Sie hat leider ein bisserl einen dicken Hintern, aber sooo ein süßes Gesicht. Und (aber bitte nicht weitersagen!) sie hat sich letztes Jahr die Brüste vergrößern lassen.*

Versteht sich von selbst, dass dies alles überhaupt nicht böse gemeint ist. Und dass ich, würde ich als Mann jemals etwas über die Brüste, den Hintern oder die Periode der besten Freundin meiner Freundin sagen, ihrerseits mit Hölle und Verdammnis zu rechnen hätte, denn über eine beste Freundin lässt eine Frau NIEMALS etwas kommen ... außer sie sagt es selbst.

Also, bei mir (und den meisten anderen Männern) läuft das ein wenig anders:

Bis wir einen guten Kumpel in den heiligen Stand einer echten Freundschaft erheben, vergehen erst mal einige Jahre. Und dann gehen wir auch nicht unbedingt fischen und wir treffen einander auch nicht ausschließlich zum „Schweigen", sondern wir führen durchaus interessante Gespräche, tauschen (Frauen-)Erfahrungen aus und bisweilen auch so manches Geheimnis. Und natürlich erörtern wir ernste Probleme (wie den Weltfrieden oder eine Potenzstörung) oder haben mitsammen einfach nur echten Männerspaß.

Und wenn wir dann nach Hause kommen und ihr – neugierig, wie Frauen nun mal sind – unbedingt alles wissen wollt, worüber wir so geredet haben, was glaubst Du wohl, erzählen wir Euch dann? (...) Na? Genau: NICHTS. Denn es geht, und das ist eben der Kern einer Männerfreundschaft, schlicht und ergreifend niemanden etwas an. Schon gar keine Frau.

Darüber hinaus gelten für echte Freundschaften zwischen echten Burschen ein paar simple, aber eiserne Regeln! Hier sind sie:

1.) Wir halten zusammen.

2.) Wir halten dicht.

3.) Wir reden vor Fremden nicht schlecht übereinander.

4.) Wir reden vor Frauen nicht schlecht übereinander.

5.) Wir können einander blind vertrauen.

6.) Wenn wir einen Seitensprung wagen, geben wir einander Alibis. Und erzählen unseren Frauen, wir wären miteinander Fischen gewesen.

Liebe Grüße an Deine Freundinnen!

*R.*

# Der Sinn des Lebens

> *„Leben ist das, was wir daraus machen."*
>
> *Henry Miller*

*Lieber Robert,*

wir sind am Ende unserer Reise angelangt. Ganz ehrlich: So intensiv wie in den letzten Wochen habe ich mich noch nie mit der Spezies „Mann" beschäftigt. Ein bisschen fühle ich mich wie ein Bäcker, dem die ganze Zeit die betörendsten Düfte um die Nase wehen, sodass er letztendlich gar keine Lust mehr auf Süßes hat. Das soll natürlich nicht heißen, dass ich von Euch genug habe! Ganz im Gegenteil: Ich freue mich darauf, die vielen Erkenntnisse ins praktische Leben zu transferieren:

1. In jedem Mann steckt ein kleiner Held.
2. Es muss ganz schön schwierig und auch verwirrend sein, als Mann durchs Leben zu gehen.

   Und:
3. Die „ganze Wahrheit" gibt es nicht.

Zum Glück nicht. Ich kann Eure Taten bis zu einem gewissen Grad nachvollziehen, der Rest jedoch wird mir für immer ein Rätsel bleiben. Weißt Du, warum es die „ganze Wahrheit" nicht gibt und niemals geben wird? Wir wollen gar nicht, dass sie existiert!

Auch wenn wir alle über einen gewissen Forschergeist verfügen und den Dingen ganz genau auf den Grund gehen wollen – unser Verdrängungsmechanismus verhindert, dass wir bis ins Innerste der „ganzen Wahrheit" vordringen. Kaum haben wir etwas erkannt, suchen wir eine Erklärung dafür, weshalb „es" SO vielleicht doch nicht ist und anders auch sein kann. Wir verdrängen aus Liebe und aus Interesse am Fortbestand der Gattung Mensch. Wüssten wir näm-

DIE WIRKLICH ENTSCHEIDENDEN FRAGEN SIND DOCH: WER SIND WIR? WOHER KOMMEN WIR? WOHIN GEHEN WIR?
ZU DIR? ODER ZU MIR?

lich auf einmal alles über das andere Geschlecht, würden wir aufhören, uns füreinander zu interessieren. Und in jemanden, der uns nicht interessiert, verlieben wir uns auch nicht! Punkt 3 garantiert also, dass sich Frauen und Männer auch in Zukunft ineinander verlieben werden. Immer und immer wieder.

**Und der Sinn des Ganzen?**

Der Sinn des Lebens ist vermutlich das Leben selbst – und was wir daraus machen. Moment für Moment. Schritt für Schritt.

Vergessen wir dabei die berühmten drei „L" nicht: Lieben, Lachen, Lernen.

Frauen und Männer. Männer und Frauen. Wir sind wie Sonne und Mond. Geheimnisvoll, rätselhaft und wunderbar. Was uns für immer verbindet, ist das große Geheimnis, das zwischen uns liegt. Das Geheimnis, das Raum lässt für Träume und Fantasie.

Genau das ist wahrscheinlich der Sinn des Lebens: dass wir niemals aufhören, zu träumen – und an diese Träume zu glauben!

*Liebe Daniela,*

im Leben geht es um Sex.
Bussi,

*Robert*

# Was nun?

> *„Man braucht zwei Jahre, um sprechen zu lernen, und fünfzig, um schweigen zu lernen."*
>
> *Ernest Hemingway*

*Robert,*

ich finde, wir sollten uns die Sache mit dem Buch noch einmal überlegen. Noch können wir unserem ambitionierten Beinahe-Verleger einen Korb geben. Klar, er ist ein intelligenter und netter Mensch und ich hätte wirklich gern mit ihm gearbeitet, aber dieses Eisen ist mir die Spur zu heiß.

Unser Buch könnte ernsthafte Auswirkungen auf das Paarungsverhalten von Herrn und Frau Österreicher mit sich bringen.

Zu viel Information über das andere Geschlecht würde doch allen nur jene Illusionen rauben, die so wichtig sind, um den Glauben an das Gute im anderen aufrechtzuerhalten.

Die ganze Wahrheit ist, dass es überhaupt nicht gut (und daher auch keinesfalls erstrebenswert) ist, die ganze Wahrheit zu kennen.

Ich will zum Beispiel gar nicht wissen wollen, dass Männer nicht treu sein KÖNNEN. Natürlich hege ich seit Längerem den Verdacht, dass es genau so ist, wie Du geschrieben hast. Aber es macht einen großen Unterschied, ob man etwas definitiv weiß oder es nur vage vermutet.

Schon gar nicht will ich wissen wollen, dass Frauen über dreißig für Euch eine Bedrohung darstellen.

Wie könnte ich mich in Zukunft entspannt in jemanden verlieben, wenn ich wüsste, dass dieser Jemand denkt, dass ich in Wirklichkeit gar nicht hinter ihm persönlich, sondern bloß hinter seinem Samen her bin?? Das geht natürlich überhaupt nicht.

Nehmen wir einmal an, dieses Buch wird von uns geschrieben und kommt tatsächlich irgendwann unter die Leute: Die Sache mit der Liebe würde noch komplizierter werden, als sie es ohnehin schon ist.

Lockere Flirts, leidenschaftliche Liebschaften ohne Hintergedanken, entspannte Affären und das Vertrauen in eine glückliche gemeinsame Zukunft – das alles würde endgültig der Vergangenheit angehören.

Wollen wir das?

Also, Robert, ich schlage vor, wir lassen das mit dem Buch. Ich denke, wir sind an dem Punkt angekommen, an dem sich unsere Wege als Autoren trennen. Wir haben alles probiert, nichts unversucht gelassen – trotzdem stehen wir vor dem Nichts.

Die Vorstellung, mit Dir ein Buch zu schreiben, war wunderschön und hat mich ungemein inspiriert. Eine Zeitlang habe ich wirklich an uns geglaubt. Aber ein gemeinsames Leben als Verfasser der „ganzen Wahrheit" soll vielleicht ganz einfach nicht sein.

Lass uns gute Freunde bleiben!

Von Herzen,

*Deine Daniela*

## *Liebe Daniela,*

vielleicht hast Du Recht. Obgleich es wieder einmal typisch Frau ist, dass Du gerade jetzt einen Rückzieher machst, wo das Buch quasi beendet ist, ich mir für die Arbeit an diesem Projekt wertvolle Lebenszeit genommen hatte und eigentlich alles klar zum Start wäre. Ein Klassiker der weiblichen Verhaltensmuster: Zuerst ja, dann nein, dann ja, dann nein. Dazwischen investierst Du als Mann all Deine Kraft, Dein Herz und unglaubliche Mühe, alles umsonst! Statt des (in unserem Falle sehr bildlich gesprochenen) gemeinsamen Höhepunkts bekommst Du einen Tritt in den Hintern und das Angebot, „Freunde zu bleiben".

Aber von mir aus, drauf gepfiffen! Außerdem, darum liegst Du sicher richtig, habe sogar ich selbst in den letzten Wochen Dinge über Frauen von Dir erfahren, die bis zum Ende meiner Tage im Magen liegen werden. Und ob ich je wieder zu unschuldiger Romantik und wahrer Liebe fähig sein werde, nachdem Du mir die Hintergründe des Frau-Seins eröffnet hast, werden erst die nächsten Jahrzehnte zeigen.

Nun, vielleicht heilt die Zeit ja auch diese Wunden, wiewohl ich bereits seit langer Zeit ahnte, dass Ihr Mädels genauso tickt, wie wir Jungs immer befürchtet haben. Auch Mann sollte hinter so manches weibliche Geheimnis lieber nicht blicken dürfen und so sage ich: Okay, lassen wir's lieber bleiben. Sollen die Menschen doch, von mir aus, weiterhin ihren rosaroten Träumen nachjagen und sich manch süßer Illusion hingeben, wir würden jemals dauerhaft zusammenpassen ... das garantiert zumindest mal das Überleben der menschlichen Rasse, an deren Untergang ich genauso wenig schuld sein möchte wie Du! Vielleicht ist es das einzig wirklich Schöne im Leben, **die ganze Wahrheit** zwischen Männern und Frauen *nicht* zu erfahren.

Wir sehen uns im Studio.

Bussi,

*Robert*

SEHR SPANNEND!

>>DIESER MANN HAT JEDENFALLS CHANCEN, MIT EINER VON IHM ERSTELLTEN FORMEL IN DIE WISSENSCHAFTSGESCHICHTE EINZUGEHEN [...] ER HAT EBENSO UNTERHALTSAME WIE WISSENSCHAFTLICH FUNDIERTE ANTWORTEN PARAT<<

KURIER

Werner Gruber

**Unglaublich einfach.
Einfach unglaublich.**

*Physik für jeden Tag*

288 Seiten
Illustriert von Thomas Wizany
Gebunden mit Schutzumschlag

ISBN: 978-3-902404-37-4

*Was hält die Welt zusammen? Wie entsteht ein Gedanke? Hat der Tormann eine Chance beim Elfmeter? Wie baut man den perfekten Papierflieger? Was passiert beim „Kuscheln“? Wann heißt es „Kampf dem Gulasch“? Was ist eine Opferwurst? Wie entschärft man selbst eine Bombe? Was tun, wenn Außerirdische im Garten landen? Bei Werner Gruber fängt Physik dort an, wo sie für andere aufhört. Hier wird die Welt (neu) erklärt, es warten verblüffende Phänomene aus Alltags- und Extremsituationen, werden Entdeckungsreisen in der Welt der Physik unternommen, Tipps für den Alltag gegeben und so manches Rätsel der Naturwissenschaft entschlüsselt.*

SPANNEND.
www.ecowin.at